THE LINE BECOMES A RIVER

DISPATCHES FROM THE BORDER

來自美墨邊界的急件

一個前邊境巡邏員的沉痛告白

FRANCISCO CANTÚ

方濟各．坎圖 著

祁怡瑋 譯

獻給賜我生命、予我姓名的母親與外祖父，
也獻給所有冒性命危險跨越或戍守一條人為界線的人。

目次

序言

母親和我穿過平原地區，沿著古老大海的遼闊海床往東行駛。我們專程來到德州西部，回我母親以前擔任巡山員的國家公園過感恩節。在這裡的那幾年，成了我最初的童年記憶——林木茂密的峽谷，拔地而起的岩山，呼嘯的狂風掠過低矮的沙丘，火熱的太陽照射在一望無際的灌木叢林地。

駛近瓜達洛普山脈（Guadalupe Mountains）時，我們經過一大片鹽灘，我請母親把車停下。她把車停到路肩，我們雙雙下車，一起走過龜裂的土地。我們站在那裡，望著北方的瓜達洛普山脈，屹立著二疊紀時期的礁脈留下來的殘跡，它們原本淹沒在盤古大陸內陸水域之下。十一月的涼風吹拂，像徐緩的水流漫過我們的身軀。我俯身碰觸地面，剝下一小塊結成殼的白土，捏在手裡搓碎。我伸手碰碰自己的舌頭，抬頭望著母親告訴她，這嚐起來像鹽巴。

進入園區後，我和母親在遊客中心等候。一名身穿制服的女子站在櫃檯，耐心向兩位遊客解說園區露營的費用，以及可以選擇的登山路線。兩位遊客轉身走開時，這名女子瞥見了我們，頓時笑逐顏開。她從櫃檯後面朝我們跑來，伸手擁抱我母親，再後退一步端詳我，她不敢置信地站了一會兒。「孩子（*Ay mijo*），我最後一次看到你，你還不到這麼高呢。」她邊說邊伸手比她的膝蓋。「你們還是住在亞利桑那州嗎？」她問我們。我說媽媽還是，但我去華盛頓上大學了。她瞪大了眼睛，「首都？」我點點頭。「了不起（*Qué impresionante*）。那你主修什麼？」我答：「國際關係。」母親補充道：「他在研究美墨邊界，我們回程要到艾爾帕索（El Paso）小住，好讓他去華雷斯城（Ciudad Juárez）看一看。」

女接待員搖搖頭說：「你最好小心一點，華雷斯那裡很危險。」她雙手扠腰凝視我，接著伸手碰碰我的肩頭。「你知道嗎？你還是個小蘿蔔頭（*chamaquito*）

的時候，我還記得幫忙帶過你，」她低頭看看我的鞋子，「那時候，你滿腦子想當牛仔，你會穿著那雙小牛仔靴、戴著那頂小牛仔帽，跟我兒子在後院跑來跑去，拿著小塑膠槍互相追著。」我母親咧嘴笑道：「我也記得。」

翌晨，我們母子早早起床爬山，穿過往上延伸的峽谷，來到瓜達洛普山綠樹成蔭的背側。走著走著，我母親又變成嚮導了。她指指粗齒楓婆娑的黃色葉片，摸摸脫皮樹光滑的紅色樹皮。她彎腰從草葉上剝下蜻蜓幼蟲蛻除的乾皮，放在她沾滿了土的手裡，翻過來細細端詳。溪流緩緩翻湧，她抬頭看著通往溪流的步道，向我說起這種閃著光澤的節肢動物是如何掙脫牠的外皮，乘著峽谷的旋風輕快飛去。她像捧著聖物般將那層外皮捧在手裡，告訴我說：「蜻蜓像鳥兒一樣遷徙，牠們日復一日鼓動著紙片般的翅膀，飛過綿延的平原、連串的山脈、遼闊的大海。」

母親從步道上岔出去，到溪邊的一塊岩石上坐下，脫掉鞋子襪子，把褲管捲到膝蓋，再起身涉入水中，溪水冷得她肩頭一縮。她邀我加入她的行列，但我搖搖頭，獨自坐在岸上斑駁的陽光下。母親踩過溪裡的岩石和掉落的枝椏，指示我看溪水是如何流過一截裸露的樹根，還有陽光是如何燦爛地照射在一簇綠草叢中。她彎下身來碰觸水面，舉起沾濕的雙手抹抹自己的臉頰。在我採集掉落的楓葉時，母親伸手到水裡，從溪床上撈出一把石灰岩鵝卵石。「來，」母親用滴著水的手招呼我，「沾沾水。」

那晚，我們坐在前不著村、後不著店的觀測站，吃事先煮好的火雞胸肉和餡料調理包。我問母親為什麼會在多年前加入國家公園管理局，她用叉子戳一塊餡料，告訴我說：「我之所以加入，是因為我想要到野外，因為荒野是能讓我認識自己的地方。擔任巡山員，我希望能喚醒人們對大自然的愛，協助推動對環境的關懷。」她從盤子上抬起頭來說，「我想守護這片大地，保護我心愛的地方，不讓它遭到毀壞。」我往後靠向椅背，問道：「那現在回想起來，妳覺得怎麼樣？」母親放下叉子，手指沿著桌子邊緣的木紋摸去，回道：「我還不知道。」

次日，我和母親離開園區往西行駛。晚間來到艾爾帕索時，我凝視著窗外沙漠谷地遍布的點點燈火，試圖從中分辨美國的終點和墨西哥的起點。在我們下榻的汽車旅館，戴著眼鏡的櫃檯人員一邊替我們辦理入住，一邊與母親閒聊了幾句。他問：「是什麼風把你們吹來艾爾帕索的啊？」母親笑答：「我兒子在研究美墨邊界。」「美墨邊界？」男子的目光越過鏡片上方朝我們投來，「邊界的事問我就對了。」他指指汽車旅館玻璃門外，要我們看停車場邊坡草地。「看到那裡了嗎？以前我每晚都會看到那些草在動，不久我就明白不是風吹的，是那些濕背佬[1]想要偷偷溜過來。」男子撇嘴一笑，「不過現在那些草都沒在動了，如果你懂我意思的話。這年頭，你不會在人們院子裡看到濕背佬囉！」男子把房間鑰匙遞給我們，得意地笑出聲來，我和母親尷尬地點點頭。

第二天早上，我們在聖塔菲街橋（Santa Fe Street Bridge）停車，徒步往南來到邊界。我們跟隨穩定前行的出境隊伍，穿過架在混凝土水道上的籠式人行

1 譯註：wetback，貶義詞，指涉水偷渡到美國的墨西哥非法移民。

道，分隔艾爾帕索和華雷斯城的格蘭河（Rio Grande）在這一段的河水幾乎沒在流動。快到橋的另一頭時，我看到一名眼泛淚光的男子向妻兒道別。小男孩站在吱嘎響的旋轉閘門邊哭著，他的爸爸媽媽抱在一起，抱了好久好久。在旋轉閘門的另一邊，身穿黑衣的墨西哥海關人員揮手要我和母親通過安檢檯。母親轉頭看我，問道：「不用檢查護照嗎？」我聳聳肩說：「看來是不用。」

出關入境之後，我們沿著貝尼托—華雷斯大道（Avenida Benito Juárez）前進，鑽過聚集的計程車司機和小吃攤販，行經轟然作響的擴音器和色彩鮮豔的店面——有酒類專賣店和當鋪，有牙醫診所和平價藥房，有塔可餅攤（*taqueria*）和換匯所（*casa de cambio*），一塊塊招牌打著保險（*seguro*）、服飾（*ropa*）、靴子（*bota*）的廣告。過了幾條街之後，母親問我可否找個地方坐下來。我們穿越馬路，一來到對面的瓜達盧佩聖母堂廣場（Plaza Misión de Guadalupe），母親就一屁股坐在一張長椅上，她說：「我得歇口氣，心臟快要跳出來了。」我問：「妳還好嗎？」她深呼吸一口氣，看看四周，一手捂住胸口。「我沒事，只是有點受不了。」我抬頭看看太陽。「聽著，我去弄點水來給妳。」我碰碰她的肩膀，指向對街的一間小店。

在店裡排隊結帳時，我站在兩位聊著政治話題的女性顧客後面，其中一位對另一位說：「我很高興是卡德隆[2]，我們需要一位雷厲風行打擊犯罪的總統，收拾一下那些歹徒，好好掃蕩一下街頭。」另一位女顧客一邊將香菸和甜麵包（*pan dulce*）的錢遞給店員，一邊猛搖著頭，對她朋友說：「妳不懂，問題不是來自街頭。」

我查看從旅館拿來的口袋地圖，母親口渴地喝著瓶裝水，深深舒了一口氣。我告訴她，我們離華雷斯市場（Mercado Juárez）很近，可以到那裡坐下來歇一歇，順便找點東西吃。她點點頭，好整以暇地看了看這整條街，再從公園長椅上爬起身來。我們沿著人行道慢慢走，經過海關大樓的紅磚穹頂，轉上九月十六日

2 譯註：此指於二〇〇六年至二〇一二年任墨西哥總統的Felipe de Jesús Calderón Hinojosa。

大道（Calle 16 de Septiembre）。快到市場的前一條街，我們站在塞滿汽車的十字路口等紅燈。然後，就在我們穿越四線道的大馬路時，母親大叫了一聲，跌坐在馬路中間，雙手撐著地面。我驚慌轉身，在她身旁跪下，雙臂護住她的肩膀，焦急地問：「妳還好嗎？」她咬緊牙關吸氣，伸手往下一指。原來她踩到路面坑洞，把腳給拐了。我說：「妳得爬起來才行，我們不能停在馬路上。」我抬頭看看號誌，紅色的手勢亮了起來。我試著拉她站起來，但她苦著臉慘叫，急促喘氣道：「是腳踝那裡，我動不了。」

燈色轉綠，我站在路口舉手擋住車流，無助地朝市場望過去，看到有個男人從人行道跑來。在我們前方，一名女性駕駛步下車，過來跪在我母親身旁，輕聲說道：「冷靜點、放輕鬆（*tranquila*、*tranquila*）。」

一名頭戴牛仔帽的男子將他的貨車熄火，下車朝後面的車輛示意，要他們等一等。從市場那頭跑來的男子拍了我的背，對我說：「怎麼回事？需要幫忙嗎？（*te ayudo, qué pasó?*）」我顫抖著手比了比我母親：「她沒辦法走路（*no puede caminar*）。」男子站到她另一邊，張開雙手作勢要扶她。我們一起彎下身，將我母親的手搭在我們肩膀上。跪在一旁的女駕駛站起身，朝她的車子走回去之前，用手拍拍我母親說：「沒事的（*vas a estar bien*）。」在我和另一名男子的攙扶下，我母親單腳跳著走，三個人腳步拖沓地一起朝人行道走去。我們扶母親靠著一面水泥牆坐下，我轉身看看馬路上重新動起來的車流。

我跪下來查看母親的手，兩隻手都被柏油弄得黑黑的。我問她，需要叫救護車嗎，她張開眼睛，設法緩過氣來，說道：「應該不用，讓我坐一下就好。」我抬頭看看過來幫忙的男子，站起身和他握了握手。除了道謝以外，我不知道還能說什麼。男子搖搖頭說：「沒什麼，在華雷斯，大家都會互相幫忙。」他拍拍我的背，示意我和母親一起坐下，並提議道：「等你們在這裡休息得差不多了，就過來我市場裡的攤位坐坐吧，我和我媽一起顧攤，到時候我們弄點烤餅（*quesadilla*）給你們倆吃。」轉身離開前，他看看我，揚起眉毛說：「別客氣，就當在自己家一樣（*aquí están en su casa*）。」

第一章

邊境巡邏員

夢裡，我在一片漆黑中縮成一團。洞穴裡遍地黑影，影影綽綽的斷肢脫離了曾經相連的身軀。我碰觸這些碎屍，把它們拿在手中，輕撫殘肢上的泥土、血跡和冰冷的皮膚。我撥弄頭部的碎塊，拼湊殘破的五官，找尋線索辨識棄屍的身分。我兩手空空離開洞穴，走進一片沒有色彩的風景之中，冷冽的空氣凝止不動。外頭，有個聲音要我前往附近一處洞穴，去見一匹狼。抵達那裡時，天空只剩幾許光亮。我沿著石砌的通道走去，直到四周暗得必須瞇起眼睛來看。洞穴深處隱約可見一頭野獸在黑暗中兜圈子。不一會兒，我就看出一匹狼的輪廓緩緩朝我走來。一步接一步，悄然無聲地接近。隨著牠步步進逼，我全身脹滿了恐懼。我回頭張望，看見母親的身影，她作勢要我向那隻狼伸出手。我望向前方，伸出手去，深吸一口氣，把手掌張開。狼慢慢靠近，伸長脖子用牠厚實的口鼻嗅聞我的手。猛獸當前，著實令人生畏，但牠也很有智慧。牠退開來打量我，我感到我們之間有了交流。洞穴之狼再次向我靠近，這次牠緩緩以後腳站起，兩隻前掌伸了過來，按住我的胸口。碩大的前掌壓在胸口的重量嚇了我一跳。牠靠了上來，把臉湊到我面前，像是要告訴我一個祕密。我閉上眼睛，感覺牠溫熱的鼻息撲上我的雙頰，牠濡濕的舌頭在我臉上，舔著我的嘴。這時，突然間，我醒了。

✉

我聽說桑提亞歌的事情，是在我們前往市區的路上，車子正疾速駛過新墨西哥州寒風刺骨的草原。想來是摩拉里斯告訴我的，又或者是哈特。一聽說這件事，我立刻就拿出手機打給桑提亞歌，跟他說：「你不必退學，你還是可以把它完成，你應該留下來。」「我做不到，」他這麼說：「這個工作不適合我，我應該回波多黎各去，和我的家人在一起。」我只能祝他好運，並表示我很遺憾看他離開。他向我道謝，並要我替我們倆完成。我承諾我會做到。

在所有同學之中，我最想看到桑提亞歌畢業。他行進時跟不上別人的腳步，他的裝備亂成一團，他無法駕馭他的武器，他十五分鐘還跑不完一哩半，但他比任何人都努力。他流的汗最多，喊得最大聲。他三十八歲了，本來在波多黎各當會計，既是人夫，最近還當上人父。退學前一天，他帶著滿口袋的實彈離開靶場，打靶教練命令他在全班面前唱〈我是一把小茶壺〉（I'm a Little Teapot）。他不知道這首兒歌，於是大家提議他改唱〈天佑美國〉（God Bless America）。他扯開嗓門引吭高歌，每唱一句就大力吸氣，胸口隨之起伏。空氣中瀰漫著附近乳牛牧場飄來的糞味。他濃重的鄉音、記錯的歌詞和五音不全的破鑼嗓，逗得我們全體哄堂大笑。

進了市區，我們喝著啤酒，哈特說起底特律的冬天。「幹！我沒辦法像桑提亞歌就那樣回去。」他往下瞪著他的啤酒，然後抬頭看著我們，「你們知道我之前是做什麼的嗎？」他問道。我和摩拉里斯搖搖頭。「我在該死的機場租車櫃檯當櫃員。你們知道有多少次，我把汽車鑰匙交到客人手裡，他們連正眼都不瞧我一眼嗎？有些人會偷瞄我手臂上的刺青，好像我是混黑道的，好像我是什麼可悲的黑人小孩，跑到貧民窟外面來打工。」哈特握緊他的啤酒杯。「但最重要的是，我受夠底特律的冬天了。」

哈特從桌面上抬起目光，擠出一絲苦笑，問道：「亞利桑那的冬天怎麼樣？」摩拉里斯笑了出來。「老兄（*vato*），到了那裡，你不用擔心下雪的問題，這一點是肯定的。」哈特覺得聽起來挺好的。我說：「沒錯，但等到夏天，你就知道了。你體驗過華氏一一五度的高溫嗎？」[3]哈特答道：「當然沒有。」「嗯哼，」我告訴他：「到時候，我們就要頂著這種高溫，從沙漠把屍體拖回來。」哈特一臉茫然，回道：「到底是誰會在氣溫一一五度的時候穿越沙漠？」我把另一瓶啤酒的最後一口喝乾，告訴他說：「以前移民會偷渡到城裡，像是聖地牙哥啦、艾爾帕索啦，這些地方。後來到了九〇年代，邊境巡邏隊用圍籬把這些城鎮全都圍起來，並且派出像我們這樣的菜鳥去巡守。官方以為只要封城就好，不會有人冒險翻山越嶺、橫渡沙漠。但他們錯了。這下好啦，我們成了要應付這種

3 譯註：大約攝氏四十六度。

難題的人。」哈特對我的高談闊論不感興趣，他朝服務生招招手，想再點一瓶啤酒。摩拉里斯先是呆望著桌面，接著抬眼看我，眼神黯淡，眉頭糾結。我說：「抱歉對著你們長篇大論，我在學校學了這些狗屁。」

返回學校的路上，我坐在摩拉里斯的貨車後座。前座的摩拉里斯跟哈特聊起他在道格拉斯（Douglas）[4]邊界長大的事，談到了他在南邊那一頭的舅舅和表兄弟。哈特問說他們都吃什麼樣的食物，摩拉里斯回說早餐吃熱騰騰的牛肚湯（*menudo*）和香辣羊肉湯（*birria*），到了晚上呢，黑水鎮（Agua Prieta）徹夜都有攤販在賣腸肉塔可餅（*tacos de tripa*）。摩拉里斯描述他母親怎麼做墨西哥玉米餅，他外婆在聖誕節期間又是怎麼做墨西哥粽。我坐在那裡，頭靠著冰涼的窗玻璃，望著外面暗下來的平原，聽著他的聲音，迷迷糊糊地打著盹。

***

羅布萊斯把我們從墊上教室叫到飛輪室，我們一個個在飛輪車上就定位。

房間前頭，羅布萊斯爬上一臺面向我們的飛輪車，一聲令下叫我們開始踩。他吼道：「從頭到尾你們的腳都不能停，我說起立，你們就把屁股從椅墊上抬起來，停在半空中，直到我說坐下為止。」他猛然把頭轉向前排一個名叫韓森的胖漢。「韓森先生，聽清楚了嗎？」已經上氣不接下氣的韓森喊道：「聽清楚了，長官！」

時間一分一秒過去，羅布萊斯鞭策我們再加把勁。「坐下，」他喊道：「兩隻腳動起來，起立。」他開始訓話：「身體是你們的工具，你們最重要的工具。如果你在筋疲力竭時放棄自己的身體，如果你的每一吋肌肉都叫你放棄，你就克制不了自己的身體，那麼警棍也沒用，電擊棒也不會有用，就連配槍也不會有用。」羅布萊斯繼續訓話：「那麼到了邊境巡邏隊，我跟你們保證，你們一定會受到考驗。我在隊裡的時候，害死了一個人，也救過一條命。我在現場還

4 譯註：美國亞利桑那州的邊陲小鎮，該鎮毗鄰墨西哥索諾拉州的黑水鎮。

是個菜鳥時，就像你們即將要被派去那樣，有一次，我的指導員和我在尤馬市（Yuma）[5]郊外的萵苣田裡，突襲一群薩爾瓦多人。有個男的逃走了，我追了又追，追到腿都軟了。我跌跌撞撞地跑過田埂和一排排的萵苣，但我窮追不捨，一直追到一條水渠邊，那男的轉過來面向我。我還來不及反應，他就撲了上來，我們倒在地上打成一團。我要是放棄，他搞不好就把我殺掉了，但我沒有。我跟他扭打到渾身都是泥土，堅持打到他被我丟進水渠裡為止。那男的不會游泳，他們沒一個會游泳的。所以一小時過後，學長和我在浮標繩那裡，把他的屍體從水裡撈上來。」

羅布萊斯的目光飄向遠方，像是沉浸在自己的思緒裡。他繼續說道：「一年過後，我追捕另一個男人，追到科羅拉多河。他直接衝進水裡，隨著水流載浮載沉，像是沒什麼大不了。我告訴你們我做了什麼。我游進河裡救他，就算我嗆了一口又一口的河水，就算我這輩子不曾那麼累過，我還是奮力把他拖上水面。我救了這男人的命，但不管怎麼樣，我還是沒有一天不去想被我害死的那個人。」

羅布萊斯安靜下來，我們大汗淋漓站在飛輪車上，雙腳軟弱無力地踩著。前排，韓森把頭垂了下來，一屁股坐在椅墊上。羅布萊斯猛然從房間中央拉回目光，把頭轉向韓森，吼道：「給我爬起來！不要在我面前放棄，韓森，不准放棄。」

整間飛輪室裡一片氣喘吁吁的聲音，我的腦海閃過那個薩爾瓦多人，想著他的死訊是如何傳回家裡，消息飄盪在空氣中，就像黑水裡的屍體般。我看著前頭，羅布萊斯高高站在他的飛輪車上，隨著他的雙腳每踩一下，肩膀就往下壓一下，汗珠也從眉頭滴落下來。我想著他的絲毫不懈怠，他的身體是否仍受到驅使，竭力想要彌補那條在他眼前瞬間隨水流逝的性命？我想著他的身體對他而言是用來摧毀的工具，還是用來保家衛國的工具。我也想著自己的身體，想著這副軀殼將成為什麼樣的工具。

5 譯註：亞利桑那州的城市，鄰近美墨邊界。

***

一天下午，前往射擊場之前，打靶教練在暗室裡放投影片給班上看。他告訴我們：「去年，邊防探員在邊界逮捕了七十多萬名外國人，如果你們覺得這數字很誇張，想當初在二〇〇〇年，也就是八年前我剛駐守現場時，逮捕人數可是多達一百五十餘萬。在此我可以告訴各位，並非每個越過那條線的人都是來找正當工作的好人。」

教練把毒品戰爭罹難者的影像投射到螢幕上，血腥驚悚的照片中是一個個遭到墨西哥販毒集團（cartel）殺害的死者。在其中一幅畫面上，巨大的保冷箱裡漂著三顆頭顱。在另一張照片中，一具女屍被丟在沙漠裡，雙腳綁了起來，嘴裡塞了一隻斷手。教練將畫面停在一台載了十二具屍體的拖車上，死者全都矇著眼睛，遭到行刑式的槍決。教練告訴我們：「這十二個人不是歹徒，而是遭到綁架的移民，只因為區區一點毫不起眼的贖金遭綁匪撕票。」下一幅畫面是一群當街遭到射殺的墨西哥警察。再下一幅是汽車後座上一具血淋淋的屍體，死者是剛當選的市長，選前他承諾掃蕩全市的毒品暴力。新官上任第一天，他就遭人槍殺。

教練告訴我們：「這就是你們要面對的現實；這就是你們要迎接的未來。」

***

截至目前為止有七人退學，我們這一班的規模縮小到四十三人。桑提亞歌離開正好一週之後，蘇利文也跟著離開了。我不認識蘇利文，但他室友說他抱怨一堆。瑟拉是班上僅有的三名女性之一，兩天後她也走人了，沒人知道為什麼。大家都說她是個悶葫蘆。下一個是戈林斯基，他因為左邊膝蓋壓力性骨折，無限期請病假。他離開的前一晚，我在電腦教室看到他，就問他回家後要做什麼。他像是不明白我的問題，不解地看著我說：「我要等我的腳傷好啊，好了就會回校，我在伊拉克服役過兩次，我知道自己能勝任這份工作。」

當韓森收到了家鄉伊利諾州那裡的警察局錄用通知後，他就退學了。他告訴我們：「待遇幾乎一樣好，而且老婆和孩子就不用跟著我搬家了。」韓森在這所學校的最後一天，羅布萊斯叫我們排排站，開始做體檢。量體脂肪率時，他要我們打赤膊站好。隊伍中，韓森排在我旁邊，我第一次看到他腰間鬆垮垮的皮膚。羅布萊斯過來幫他量腰圍時，先是對著這層贅肉打量了一陣，然後抬起頭來看著韓森的臉。羅布萊斯問道：「你掉了多少體重？」韓森直視前方，答道：「一年半間少了一百八十磅。」羅布萊斯點點頭。「就讓我們希望你永遠不要再胖回去吧。」

哈特的室友多明戈斯是下一個離開的，他在第三次法律測驗不及格後退學了。事後我想了好幾天，如果我多幫一點忙，不曉得他是不是就能及格了。一天晚上，哈特和我坐在自助餐廳的餐桌前一起吃晚餐。我問：「你為什麼不邀他來跟我們一起念書？他是你室友，你應該多多關照他。」哈特不可置信地看著我，把他的麵包卷往盤子裡一丟，說：「去你的，多明戈斯只要有心就能及格，誰叫他整晚抱著該死的電話瞎聊。你聽著，多明戈斯頭腦好得很，高中時他通過了美國公民測驗，後來還拿到營建管理學士學位，上過大學的可不是只有你一個。見鬼了，你知道嗎？他的腦筋甚至好到在搞自己的營建事業，直到房市崩盤了。」哈特從盤子上拿起麵包卷，撕下一塊，繼續說道：「多明戈斯把所有的空檔都用在跟家人講電話不看書，這可不是我的錯或任何人的錯。」我坐在那裡，想了一想，最後問道：「那他們都聊些什麼？」哈特聳聳肩說：「我怎麼知道？我又不懂西班牙語。」

***

我母親從亞利桑那州飛來與我共度聖誕節。她在聖誕夜到學校接我，我們開車穿過稻黃色的山丘，駛進常青的山區，把奇瓦瓦沙漠（Chihuahuan Desert）滾滾草原留在身後。我們在一棟兩房小木屋過夜，松木打造的屋裡溫暖而明亮。我們圍坐在客廳茶几旁的椅子上，用小小的玻璃燈泡裝飾一棵迷你小樹，然後裹著毯子，喝著白蘭地蛋酒說說笑笑，話題最終來到我日漸逼近的工作上頭。

母親說：「聽著，我大半輩子都在當巡山員，所以我不反對你為政府工作。但你不覺得太可惜了嗎？你拿到學位，只為了去邊境當條子？家鄉的人問起你時，我說你在當執法人員，他們的表情都很奇怪。我發覺自己沒辦法跟他們說更多，我不明白你想從這份工作得到什麼。」

我深吸一口氣，告訴她說：「妳看，我花了四年在大學攻讀國際關係，透過政策和歷史學習國界相關的議題。以後只要有人問妳，妳就跟他們說我讀書讀膩了，厭倦了紙上談兵。我想實地到現場去，我想看看國界日常的現實。我知道現實可能很醜陋，我知道現場可能很危險。但除了親臨現場，我看不到了解國界更好的辦法。」

母親定睛看我，猛眨著眼問道：「你瘋了嗎？想認識一個地方有其他一百種方式，你在邊境長大，跟我一起生活在沙漠和國家公園裡。看在老天的份上，國界就在我們的血液裡。我父親還小的時候，你的外曾祖父母帶他從墨西哥越過國界。我嫁人的時候，堅持保留婚前的姓氏，好讓你永遠帶著外祖父家族的印記，好讓你不要忘記自己的出身。這還不夠你了解國界嗎？」

我的嗓音沉了下來，告訴她說：「我對這一切很感激，但擁有一個名字跟了解一個地方不一樣。」我朝窗戶比了比，「我想走出去，不是待在教室裡，不是待在辦公室裡，不是坐在電腦前，不是盯著一堆文件。」我問母親：「妳還記得自己是怎麼加入國家公園管理局的嗎？因為妳想走出去，因為妳覺得荒野是能讓妳認識自己的地方。」母親瞇起眼睛看我，像是我突然轉移了話題。我說：「這兩件事沒那麼不一樣，我不曉得國界是不是一個能讓我認識自己的地方，但我知道那裡有我拋不下的東西。或許是那片沙漠，或許是只有一線之隔的生與死，或許是我們身上兩種文化的碰撞。不管是什麼，除非去到那裡，不然我永遠不會明白。」

我母親搖搖頭，「說得好像你會成天泡在大自然裡，跟鳥獸蟲魚成天談心似的。邊境巡邏隊可不是國家公園管理局。那是一個形同軍事部隊的警察單位。」

我瞪著她道：「不用妳告訴我這些，在這所學校受訓的人是我。」

「聽著，我知道妳不想看見妳的獨子變成鐵石心腸的條子，我知道妳擔心這份工作會把我變得殘忍粗暴。那些聽說我在邊境巡邏隊就露出奇怪表情的人，可能以為我們整個單位都是滿腦子種族歧視的白人，一出去就是為了把墨西哥人殺掉或驅逐出境。但那不是我，我在學校裡看到的人也不是那樣。我有將近一半的同學都是拉丁裔美國人，有些人從小到大說的是西班牙語，有些人就在邊境長大，有些像我一樣上過大學，有些上過戰場，有些自己創業，有些做過沒什麼前途可言的工作，有些剛從高中畢業，有些當了父母，有他們自己的小孩要養。這些人加入邊境巡邏隊不是為了壓迫別人，他們之所以加入，是因為這份工作代表了一個機會，可以為民服務、生活穩定、經濟有保障……」

母親打斷我：「但你以優秀的成績畢業，想到哪工作都可以啊。」

「那又怎麼樣？」我反問她。「我不一定要一輩子做這份工作，不如把它想成我受的另一部分教育吧。想像一下我會學到什麼，想像一下我會獲得什麼見識。聽著，我知道妳不是一個鐵腕派的人，但鐵腕執法是國界的現實。我或許不完全認同美國的國界政策，但了解它所造就出的現實，這會讓我有了能力。三、四年之後，我或許會回學校攻讀法律，我或許會投入於制定新的政策。如果我成為移民律師或制定政策的人，想想我會帶來什麼獨到的見解吧。想像一下，因為我在邊境巡邏隊的歷練，我將更能勝任這些工作。」

母親嘆了口氣，抬頭看著天花板。「想學這些東西還有其他辦法讓你不用冒險，還有其他辦法可以站在助人的立場，而不是站在與人為敵的立場。」我反駁道：「但那就是重點所在，我還是可以助人，我會說這兩種語言，我懂兩邊的文化。我住過墨西哥，旅行的足跡遍及全墨各地。我看過大家都北漂工作變成空城的村鎮。不管我加不加入邊境巡邏隊，總有善良的好人越界而來，也總有探員在那裡逮人。逮捕他們的人如果是我，和他們溝通時，至少我能用他們的語言、帶著我對他們家鄉的認識，給他們一點小小的安慰。」

「好吧，」母親說：「但你必須明白，你這一腳踏入的制度，是一套不太把人當人的體制。」

我別開目光，我們母子陷入沉默。我低頭望著自己的手，思量著我母親的話，回應道：「或許妳說得對，但一腳踩進那套制度，不代表那套制度就變成我了。」我嘴巴上這麼說，心裡卻不禁自我懷疑。我朝母親微微一笑，提醒她道：「我生平第一份工作，是和瓜納華托（Guanajuato）來的移民一起洗碗盤。我不會忘本的，我不會迷失自我的。」

「好，」母親說：「我希望你是對的。」

我們彼此擁抱。母親告訴我說她愛我，她很高興我就快要回到亞利桑那州，在靠近她的地方工作。上床睡覺前，我們各自拆了一件禮物，就跟我有記憶以來的每一個聖誕節一樣。

早上，我們在鎮上歷史悠久的旅館吃早午餐，就著劈啪響的火堆大啖紅燒牛肉。飯後，我們爬上樓梯，來到狹窄的瞭望塔，遊客們裹著夾克縮成一團，緩步繞圈看風景。在我們下方，陽光照射著的盆地從山腳向西綿延而去，我看著這片景色在冬陽下變幻的模樣。母親在我身後，一手搭著我的肩膀，一手指向遠處的一團石膏白沙，小小一團，在沙漠上翻捲而去。

***

畢業典禮上，我們站在親友和心愛的人面前，全體畢業生頭戴戰役帽（campaign hat）[6]，身穿全套制服，褲管和襯衫袖子都用熨斗燙出一直線，擦過的靴子和腰帶銅釦在大禮堂的日光燈下閃閃發亮。教官上臺致詞，談到我們所受的訓練相當可貴，也談到我們即將擔負的重責大任，接著就為我們授勳，把徽章別在我們胸前。我們肩並著肩站成一排，轉身面對觀眾，平視禮堂慘白的牆壁，眼神堅定地舉起右手。「余謹鄭重宣誓，余必支持並捍衛美利堅合眾國憲法，使其不受國內外任何敵人侵害；此乃余所信奉、余所效忠，絕無二心；余慨然允諾擔此重任，絕無陽奉陰違或推託迴避之意圖；余誓以至誠履行自身職責。天主

6 譯註：為美國州警、聯邦探員及邊境巡邏隊等特定執法人員所配戴之專門帽款。

為證。」

***

剛來巡邏站報到兩天，我們就截獲了第一批走私毒品。當時我們人在口岸的東邊，僅僅三哩外的感應器發出警報。在足跡起始處，我們的隊長柯爾指著地上凌亂的腳印。他跟著足跡前進，幾分鐘後示意我們下車。他說：「一共有八個人的足跡，別出聲，跟著我走。」

柯爾帶頭，我們朝山區走了五哩。他把我們一一叫上前去，看我們怎麼追蹤足跡，並在一旁指點：「視野要打開，仔細觀察地面約五、六碼的範圍。盡量面對太陽，絕不要背光，光線才照得到足跡。如果足跡變得很難辨識，就追蹤一下被擾亂的小地方——陷進土裡的趾印、鞋印、踢翻的石頭、地上發亮的凹痕、樹枝和植物的刺勾到的布料。如果跟丟了，就回到你最後看到線索的地方。學著解讀地上的蛛絲馬跡，」他說：「這本領就是你的飯碗。」

我們在隘口底部發現第一個被棄置在亂石之間的包裹。柯爾說：「他們一定看到我們過來了。」他指示我們分散開來，把整片山坡搜個徹底。十分鐘後，我們找到兩個裝滿食物和衣物的背包，以及另外四個糖袋裝著的包裹，糖袋用噴漆漆成黑色。柯爾告訴我們：「這裡每一包應該有五十磅重。」他踢了踢其中一袋包裹。「總共兩百五十磅的毒品，剛上場第二天就有這樣的收穫，還不賴嘛！」我問柯爾我們該不該跟著足跡穿過隘口，設法把運毒背包客追到手。他說：「噢千萬不要。只要可以，你不會想連人帶貨一起打包回去的。嫌犯的存在代表你手上有一起走私案，而這又意味著一大堆文書工作——光是寫報告就夠你加班加到吐。況且檢察官不會受理，這種案子在這裡的法院堆得滿坑滿谷，」他笑道：「你們等著瞧，被丟包的走私貨就好辦多了。」

柯爾叫我們把背包扔了。我看著幾位同袍把翻出來的衣物扯破，丟到盤根錯節的牧豆樹和綠桿樹之間。我從其中一個背包裡發現一張有護貝的禱告卡，卡片上是頭頂一束火舌的聖猶達（Saint Jude）。摩拉里斯發現一盒香菸，便在一塊岩石上坐下來吞雲吐霧。其他人大笑著將一堆食物踩爛。哈特在一旁跟著笑，還大聲叫我們看他對著一堆被截獲的私人物品撒尿。

我們扛著毒品包裹，朝停車處跋涉回去。二月的太陽低垂在天際，為沙漠蒙上一層溫暖的陽光。小徑邊緣，綠桿樹的粉紅樹蔭下，一隻沙漠龜以前腳撐起身體，看著我們通過。

***

夜裡，我們在一片漆黑中沿著成排的電線桿站崗，一站就是幾小時。受夠了外頭的寒冷和滋滋響的高壓電線之後，柯爾叫大夥兒沿著泥土路放上一條釘刺帶，然後回到停在附近乾谷中的車子裡等。我們坐在車上發動引擎，暖氣轟轟吹送。幾分鐘的沉默過後，摩拉里斯問柯爾，為什麼巡邏站裡有些探員稱他為「暗夜死神」。他笑了笑，從襯衫口袋掏出一盒哥本哈根菸草，說道：「你們要小心這裡跑出來的印第安人，他們夜裡喝醉了會在村子外遊蕩，倒在該死的馬路上睡大覺。」他一邊說一邊準備菸草，他用著右手同時用食指敲敲菸盒蓋。「天冷的時候，柏油會吸收太陽的溫度，就連晚上也是。幾年前，我值大夜班，開車沿著九號印第安公路（Indian Route 9）巡邏，看到一個混帳印第安人睡在路中央。我停下車來，把他一屁股叫醒。他老弟跟他一起，就睡在旁邊的樹叢裡，兩兄弟喝得爛醉。」柯爾捏了一撮菸草丟進嘴裡，儀表板發出的綠光照亮他蠕動的下唇。「我讓這對兄弟搭便車，把他們載到下一個村子，在他們的親戚家放他們下車，交代他們別再睡在該死的馬路上。」柯爾從中控臺上抓了個空的百事可樂杯子，吐出嚼過的菸草，繼續說道：「大概過了九個月還十個月吧，就在同一個該死的地點，我開車輾過這個人，他當場死亡。同一個混帳，睡在同一條該死的馬路上，我根本沒看到他躺在那裡。從那之後，他們就開始叫我『暗夜死神』。」柯爾笑著朝杯子吐菸草，我們當中有幾個人也跟著笑，雖然不知道究竟有什麼好笑。

剛過午夜，一臺熄了燈的貨車從釘刺帶上呼嘯而過，四個車胎有三個都爆了。我們急起直追，在一團塵土中盲目加速，直到發覺貨車已經轉向，這才掉頭回到胎痕離開馬路之處，一路跟著胎痕來到貨車被丟棄的山腳下。我們在後車廂找到兩包大麻和一把點二二來福槍。柯爾派我們用手電筒仔細搜索山坡，但最後只找到另一個包裹。柯爾說：「去它的，是煙霧彈。」我問他什麼意思。他說：「用來誤導我們的，就這麼一回事，他們在等我們離開。」但我和同袍不在乎——我們追車追得興致高昂，亢奮極了。我們把那台貨車開進乾谷裡，直到車子卡住動彈不得為止。我們劃破沒爆掉的那個輪胎，打開車燈，讓引擎空轉，就那樣把貨車丟在那裡。回巡邏站的路上，我問柯爾那台貨車會怎麼樣。他說他會打給部落警察，叫他們去收車。但我知道他不會打這通電話，就算他打了，部落警察也不會去收車。他們也不想寫報告。

***

太陽下山之後，柯爾派摩拉里斯帶著熱像偵察儀，到公路附近的山丘上。他跟我說：「兄弟，你的毛帽借我戴一下，外頭很冷。」我把帽子遞給他，和其他人一起待在車上。一小時後，摩拉里斯在五哩里程牌東邊偵測到一群十個人。我們連忙衝下車，聽從他用無線電對講機傳來的指示徒步前進，但我們抵達時，那群人已經散開了。我們把人一個一個找出來，有的縮在樹叢裡，有的躲在綠桿樹和仙人掌背後，沒有一個人逃跑。我們叫他們把鞋帶拆下來、把背包倒空，十個人排成一列縱隊，在我們的護送下走回馬路上。我伴著一位老先生走了一會兒，他告訴我，他們全都是從米卻肯（Michoacán）來的。我說：「很漂亮的地方。」他回道：「是啊，但沒有工作機會。」他反問我：「你去過米卻肯？」我說去過。他接著說：「那你一定看過在墨西哥生活是什麼樣子了。現在，你又看到我們在邊境是什麼樣子。」我們繼續前進，走了幾分鐘後，他深深嘆了一口氣，壓低了聲音對我說：「好絕望啊（*hay mucha desesperación*）。」我想看清他的臉，但夜色太黑了。

在巡邏站，我為老先生辦理遣返程序。留下指紋紀錄之後，他問我巡邏站可有他能做的差事。我說：「你不明白，你只能在這裡等到巴士過來，他們會帶你去邊防總署，接著把你送出境，你很快就會回到墨西哥了。」他要我放心，跟我說道：「我明白，我只是想知道，在等待期間，這裡有沒有我能做的事、我能幫的忙，像是倒垃圾啦、打掃拘留室啦。我想證明給你看，我是來找工作的，我不是壞人。我不是要運毒過來這裡的，我來這裡不是要幹任何不法勾當的。我想找工作。」我看著他說：「這些我都知道。」

***

柯爾帶我們到一處儲藏據點，位置就在公路旁，他差點在那裡被走私客輾過去。我們跟著他來到一片寬廣的乾谷，谷裡堆放著舊毯子、拋棄的衣物、一綑綑的繩子、空的鮪魚罐頭和壓扁的礦泉水瓶。我們從乾谷裡爬出去，走到附近的一棵仙人掌前，那是一株體型高大、張牙舞爪的拳骨團扇仙人掌。柯爾問我們有沒有人有乾洗手。有人丟了一小瓶給他，他把整瓶凝膠都擠到仙人掌黑色的軀幹上。接著又問我們有沒有打火機，然後用打火機點燃洗手凝膠，退開來看熊熊火焰順著仙人掌的軀幹往上爬，劈劈啪啪地吞噬它帶刺的臂膀。在火光的照耀下，柯爾掏出他的菸草盒甩了甩，捏了一撮菸草放進嘴裡。他的下唇光滑水亮，火光映照在他刮掉了鬍子的黑色皮膚上。他朝火裡啐了一口，我們其他人圍著陷身火海的仙人掌，嘻嘻哈哈地拿出手機拍照和錄影，滾滾濃煙直竄夜空，空氣裡滿是滾燙柏油般的樹脂味。

***

柯爾用無線電通知我們有美洲獅的時候，他正在前頭摸黑探路。他說：「舉起你們的隨身配槍，扣好扳機過來這裡。」我們覺得他在唬爛。一行人打開手電筒，邊走邊大聲說話——美洲獅一定會被嚇跑吧。我們持續沿著小徑往下走，直到來到平地，就在這時，一旁的暗處傳來一陣尖銳的嘶聲，就像一股熱氣從地心竄出。「哇靠！該死了！」我們說道，連忙扣住扳機，背靠背拖著腳步，沿著小徑繼續前進，手電筒四處照著。我頓時陷入深深的恐懼——不是怕牠讓我們陷入危險，而是怕牠真的在我們面前現身，要面對一大票拿著槍的莽漢。

＊＊＊

有些日子裡，我覺得自己越做越上手了。接著我又想，上手是什麼意思？有時我會想該要怎麼解釋某些事，當他們為了躲我們，分頭逃到樹叢裡，丟下他們的水瓶，丟下滿背包的食物和衣服時，我們對此做出的舉動有什麼道理？當我們發現他們用來存水和補給品的儲藏據點，我要怎麼解釋我們大肆破壞的行為？當然，你怎麼做得看你和誰在一起，看你本身是什麼樣的探員，看你想要成為什麼樣的探員。但我們確實會割破他們的水壺，把水倒到乾涸的土地上。我們確實會丟掉他們的背包，把食物衣服堆成一堆踩爛、在上頭撒尿、扔得沙漠上到處都是、放一把火燒掉。天啊，聽起來好像很惡劣。或許也真的很惡劣，但這麼做的用意在於：當他們從藏身處跑出來，再次聚集回到他們的據點，發現東西全毀了，那他們就會覺悟到自己面對什麼樣的局面，已經完了，沒希望繼續下去了，他們最好就此罷手，選擇保全自己，勉強撐到最近的一條公路或泥土路上，攔下某個經過的邊防探員，或者來到最近一座酷熱難耐的村落，敲敲某戶人家的門，有人會給他們水和食物，並聯絡我們去把他們帶回——這就是我們的用意，這就是這麼做的道理。儘管如此，我還是噩夢連連。夢中，他們從米卻肯過來，從我不知道的那些地方過來，步履蹣跚地橫渡沙漠，沒水，沒食物，在茫茫沙漠裡迷失徘徊，慢慢死去，找不到哪裡有路可走、哪裡有村落可去，找不到一條出路。夢中，我徒勞地尋找著他們的下落，直到最後找到他們面朝下撲倒在地的軀體，在沙漠裡發出陣陣屍臭，一個個人體地標點綴著一望無際的灼熱大地。

***

一七〇六年，義大利神父尤西比歐．奇努（Eusebio Kino）登上一座火山的峰頂，這個位置就剛好在一百五十年後分隔著美國和鄰國墨西哥的國界南邊。從這個制高點，他放眼瞭望遍布沙丘的大漠，目光順著一道道變硬的黑色熔岩，來到加利福尼亞灣（Gulf of California）波光粼粼的蔚藍海岸。第一次有白人來到這個高聳入雲、遺世獨立的地方，奇努神父這時明白了沙漠原住民族早就知道的一件事：來此的征服者及傳教士一直以來認為是一座島嶼的下加州（Baja California），其實是和北美洲的整塊大陸連在一起的，這塊狹長的半島，向下延伸到古老的洶湧大海裡。接著越過白淨的沙灘和閃爍的海面，奇努神父隱約可見科羅拉多河（Colorado River）的河口，以及這座半島最高的山脈——聖彼德羅馬蒂爾山（Sierra de San Pedro Mártir）蓊鬱的山峰。

往下來到沙丘荒漠上，奇努神父遇到一群游牧民族。他們在乾燥的土地上清出一塊塊長條形的空地，舉行各種儀式，並在地面描繪巨幅形體，那些在漠坪[7]上挖鑿出的人和動物的輪廓，還精心排列了一顆顆石頭。他們就這樣在火山口、火山臼和半埋在沙裡高低起伏的山巒中，棲居了不知幾個世紀，鮮少與外人接觸，只偶爾和鄰近部落以物易物，或偶爾容許朝聖者取道於此，穿過他們枯旱熾熱的土地，去附近的海邊採鹽[8]。

在奇努神父眼中，這些人衣衫襤褸、弱不禁風，只靠蜥蜴肉和根菜類勉強餬口。但他們深知沙漠自有沙漠的生活，值得他們為此拚搏。在歐洲人看來，這整個區域都是熔岩，不過就是一塊不毛之地，但在那裡討生活的人知道，這地方和周遭土地一體相連，同屬一片廣袤的大地。

***

三個月後，我們終於從受訓單位結訓，分配到指導員底下輪班。我輪的是大夜班，搭檔則是有四年經驗的資深巡邏隊員莫特森。第一次一起值勤時，莫特

7 譯註：漠坪（desert pavement）為吹蝕作用形成的沙漠地質景觀。風將沙粒吹走，留下吹不動的礫石，即形成礫石遍布的漠坪，亦稱漠地礫面。

8 譯註：作者此處所述為沙漠地區美洲原住民赴祖尼鹽湖（Zuni Salt Lake）採鹽之傳統，祖尼鹽湖被視為鹽母女神所在的聖地。

森告訴我：「不瞞你說，每次他們派我當指導員，我都覺得很不可思議。感覺起來，我當受訓探員好像還是昨天的事。」莫特森嘲弄地說：「想當初第一個帶我的指導員，老屁股一個，成天把『老鳥』、『菜鳥』掛在嘴上，說什麼上場不到八年的都沒資格當指導員。不過那是在鬧人手荒之前的事情了——如今巡邏站裡流動率那麼高，人員來來去去，連菜鳥探員都爬得很快。」莫特森笑道：「所以我就被派來啦，來當你的專屬指導員。」

「聽著，別擔心要不要叫我『長官』或什麼的狗屁。」他一邊載著我們沿公路駛去，一邊轉頭看了我一眼，說：「我老爸是史上最強硬的條子，從我有記憶以來，他就逼我叫他『長官』。操，活到二十三歲，我知道的就是條子的世界。」莫特森望著車燈前面的一片漆黑，問道：「你呢？」我告訴他：「我也二十三歲。」他說：「這不就結了，我可不想聽一個跟我同齡的傢伙叫我長官。但管它的，值勤結束，你負責洗車嘿！」他斜嘴笑道。

一天早晨天亮之前，莫特森帶我去口岸。他告訴我：「聰明人懂得跟海關人員交朋友——他們負責緊盯通過口岸的人車，除此之外的一切我們都得管。如果跟這幫人攀上了交情，他們有時候會賞你一點有用的情報。」他把我介紹給一位長官，並取得長官的許可，讓我們倆在監控室看監視器畫面。我們盯著一格格的螢幕，監看口岸一帶昏暗的建築和道路。看了將近一小時後，外頭的太陽緩緩升起，為畫面染上溫暖的色調。莫特森伸手指向左邊角落的螢幕，我們看到顆粒很粗的兩男一女人影，把行人隔柵鋸開一個洞。我們從監控室衝出去，朝柵欄被破壞的地方狂奔，彎過轉角時，剛好看到兩個男的已經連滾帶爬穿過破洞鑽回墨西哥那邊去了，剩下那個女的僵立在柵欄邊，嚇得不敢逃走。

莫特森查看柵欄的破洞時，那名女子在我身旁抽抽搭搭地說，今天是她二十三歲生日，求我放她走，她發誓再也不會偷渡過來了。莫特森轉過頭，把那名女子上下打量一番，然後笑了出來，說：「我上星期辦過她。」在朝口岸走回去的路上，女子急著對我們辯解。莫特森進去拿東西、只剩我和她站在停車場時，她還說個不停。她告訴我她來自瓜達拉哈拉（Guadalajara），她在那裡碰到一些問題，已經四次偷渡未遂了。她向我發誓，這次她會乖乖留在墨西哥，永不再犯。她會回去把音樂學校念完。她抬頭看著我說：「我發誓（*te lo juro*），你知道，有一天我會成為歌手的。」我報以微笑，回道：「我相信妳會的。」她說她覺得我人很好，在莫特森從口岸出來前，她把她的假綠卡塞進我手裡說：「我不想跟上次一樣，在移民處理中心惹上麻煩。」我朝口岸看了看，把那張卡片塞進我口袋裡。莫特森回來後，我們扶她上巡邏車，往北開到巡邏站。途中，我們笑著鼓掌，聽她在後座唱〈怦怦直跳〉（Bidi Bidi Bom Bom）。我告訴莫特森：「她以後要當歌手。」女子露出燦爛的笑容。莫特森說：「靠，她已經是了。」

***

夜裡，終於獲准獨自巡邏，我坐著看暴風雨襲捲月光下的沙漠。總共有三道暴風雨：一道在正南方的墨西哥，一道在東邊的山上匍匐而下，最後一道就在我身後盤旋，近得我都能感覺到滴滴答答的雨勢和陣陣暖風。遠處，閃電像一條火熱的霓虹，顫動的白光照亮了沙漠。

***

巡邏站裡，他們交給我廂型運送車的鑰匙，叫我開車到印第安人保留區。有人看到兩名中途放棄的偷渡客，在保留區小村子裡的街上遊蕩。我抵達時，天色剛暗下來，沿途經過零星散布的房舍，搜尋著垂頭喪氣的偷渡客時，都沒看到什麼人影。村子中央的泥巴空地上，坐落著一棟土磚小教堂。我看到教堂前門半掩，便把車停了下來，讓車頭燈開著，照亮門口。我走到沉重的木門前，用全身的重量把門推開，門發出響亮刺耳的吱嘎聲，在昏暗的室內迴盪著。

教堂裡，在我的手電筒照射下，從天花板垂下來的金蔥彩帶顯得閃閃發亮。前方牆壁上橫掛著繪有瓜達盧佩聖母像（Nuestra Señora de Guadalupe）的大型布幅，我在布幅下方看到兩個人影躺在一條毯子上，毯子鋪在禱告席和祭壇之間。我靠近時，毯子上的男子瞇起眼睛舉手擋光，抬起頭來看著我道：「我們只是在這裡休息一下。我們迷路了，好沮喪（*muy desanimados*）。」毯子上的女子緊挨著他，把臉藏起來。男子單手撐起上半身，跟我說他們四天前越過邊界，第一晚就被嚮導甩掉了，因為他們跟不上團友的腳步。他們迷路幾天了，什麼都沒得喝，只能喝牛隻飲水槽裡的髒水。我告訴他：「邊界有可能非常險惡。」男子搖搖頭，回道：「是啊，但我們來自更險惡的地方。」

男子告訴我，他們來自莫雷洛斯（Morelos）。他說：「我太太和我，我們只是想來找工作。」他默默揉了揉眼睛。我告訴他們：「我有乾淨的水可以給你們喝，巡邏站那裡還有果汁和蘇打餅。」男子看看我，虛弱地笑了笑，請我稍等一下，讓他們收拾行囊。他塞了一些東西到背包裡，接著扶他太太站起來。她臉上爬滿一道道乾掉的淚痕，當她轉身面向我時，我看到她懷孕了。「幾個月了？」我問她。女子別過頭去，男子代她答道：「六個月。」他一邊把背包揹上肩，一邊露出笑容說：「我太太的英語很流利。」他在祭壇前停步，垂下頭來畫了個十字。我在門口等，他低喃了一串禱詞，連聲說著感謝主、感謝主。

到了外頭，我在車頭燈的強光下端詳他們的面容，女子看起來很年輕。我問她：「妳在哪裡學的英文？」她輕聲答道：「愛荷華，我在那裡長大，甚至拿到了GED[9]。」說話時，她始終垂著頭，迴避我的目光，只匆匆瞄了一眼我全身上下的制服。我又問：「妳為什麼離開愛荷華呢？」她告訴我，在他們的母親過世後，她回莫雷洛斯照顧年幼的弟弟妹妹。她說：「我在莫雷洛斯的幼稚園教英文賺了點錢，甚至還給我們村裡準備北漂的成人當家教。」一時間，她似乎挺自豪的，接著她就搖搖頭，抬眼看著她丈夫說：「但在那裡賺的錢不夠餬口，偷渡到美國是我的主意，我想讓我們的孩子來這裡，像我以前一樣。」

男子在燈光下盯著我看了一下，說道：「這樣吧，你能不能當我是個兄弟，把我們送回墨西哥？」他懇求道：「你可以把我們載到邊界，在那裡放我們下來就好，當我是個兄弟。」我嘆了口氣，轉過頭去，瞇眼看著教堂後一片漆黑的遠

9 譯註：GED（普通教育發展證書）即高中同等學歷證書。

方。我告訴他：「職責所在，我必須帶你們回巡邏站。」男子深吸一口氣，點了點頭，接著就爬上運送車的後座，伸出雙手扶他身懷六甲的太太上車。

我比了比放在車底板上的一箱礦泉水，跟他們說：「喝點水吧。」握住車籠的鐵門時，我頓了一下，問道：「你們叫什麼名字？」男子疑惑地看了看我，又看了看他太太。接著，彷彿無所謂似的，他倆輪流介紹了自己的名字。我跟著複誦一遍，並把我的名字也告訴他們。我說：「很高興認識你們（*mucho gusto*）。」他們報以禮貌的微笑，回道：「我們也是（*igualmente*）。」語畢，我就轉頭閂上車籠，把門關上。

在駕駛座上，我回頭透過壓克力隔板看那對夫妻。男子摟著妻子，讓她把頭枕在他懷裡，輕聲細語地對她說話。正準備要發動車子時，我聽到她輕聲啜泣。車子駛過村裡沒有路標的街道，找路開回公路上時，我一時有種迷失方向的感覺。過了最後一棟房屋後，我看到車頭燈邊緣有隻白狗，在一片漆黑中瞪著夜空。

回到巡邏站，我檢查他們的物品，把會壞掉的東西和尖銳的利器丟掉，並請他們拆下皮帶和鞋帶。我把他們的背包綁上標籤，給他們一張行李領取牌。我清點他們身上的披索和美金並記錄下來，再把錢還給他們，交代他們隨身收好。進入移民處理中心裡，我填妥他們的自願遣返表格，把他們的名字輸入到電腦裡面。離開他們的拘留室之前，我祝他們一路順風，並請他們好好保重，一定要顧好他們的孩子。

那天夜裡，我後來坐在運送車上聽無線電傳來的呼叫時，才意識到自己已經忘了他們的名字。

***

現今的美墨邊界，大部分是一八四八年的瓜達盧佩—伊達爾戈條約（Treaty of Guadalupe Hidalgo）訂定的，這是戰爭結束將近兩年之後，兩個相鄰的共和國簽下的條約。雙方重新簽訂的邊界始於「太平洋岸，聖地牙哥港最南端往正南方一海里格（等於三海里）處」，往東「沿著上加州和下加州的界線延伸」，直到科羅拉多河畔的尤馬市。條約規定這條界線接下來沿著希拉河（Gila River）的河道，從希拉河和科羅拉多河的交匯處來到新墨西哥州的邊界。到了這裡，美墨邊界就脫離希拉河的河道，一直線來到艾爾帕索北邊的格蘭河，至此再次「順著這條河道最深處」而流，然後一路流進墨西哥灣，美墨邊界的終點最後就淹沒在「背向格蘭河出海口、離陸地三海里格」的汪洋之中。

條約中的第五條規定：「為了讓官方地圖精確標出界線，並設立顯示兩國邊界之陸上地標……雙方政府得各派一名委員及一名測量員，此四人……於聖地牙哥港會面，一路進行現場勘測，完整標出上述國界至格蘭河口為止。」並補充道：「兩國皆應恪遵本條文所訂立之國界。」

正式簽署條約之後，兩國依約派出委員及測量員，前去標示新的國界。起初，測量工作在約翰・羅素・巴特利特（John Russell Bartlett）啟人疑竇的監督之下進行；此人乃紐約一名人脈廣又愛探險的書商。經過來來回回多次嘗試，邊界委員會終於在太平洋岸設下國界的起點，立了一座「雄偉的界碑」作為標記，接著做出類似決定，「在希拉河和科羅拉多河交匯處，設置另一座界碑。」在這兩個地點之間，邊界委員會一共設置了五座界碑標示國界。

事隔數年後，一八五三年的梅希拉條約（Treaty of La Mesilla）修訂了美墨邊界；梅希拉條約即美國一般習稱的加斯登購地案（Gadsden Purchase）[10]。根據新簽署的條約，這條國界不再沿著希拉河的天然界線穿過亞利桑那州來到新墨西哥州邊緣，而是硬生生從尤馬市往南一轉，延伸到東邊的格蘭河，為亞利桑那州和新墨西哥州的南緣多添了將近三萬平方哩的領地。

新訂合約的第一條載明，兩國政府得再度各派一名委員，負責「至現場勘測及標示本條款所規範之分界線，劃定此前未經測量確立之處。」締約之後，新的

10 譯註：在加斯登購地案之前，美墨之間對梅希拉谷地（Mesilla Valley）的國土所有權多所爭戰，直到美方以詹姆士・加斯登（James Gadsden）為代表向墨西哥付款買地為止。

勘測工作歷時三年完成，承辦人員也包括許多原先第一個委員會的成員。新任委員威廉・H・艾默里（William H. Emory）對自己的任務有強大的信念，他一方面認為「法律、宗教、習俗和物質需求差異甚鉅的兩個國家，得以劃清界線實屬萬幸，」一方面惋惜新的界線會限制美國「不可避免的擴張力。」儘管如此，艾默里依舊以他招牌的狂熱宣稱：「究其目標，這是最理想的做法，美洲大陸上再找不到更合適的一條線了。」

艾默里的團隊在國界工作期間，除了先前沿著加州和墨西哥邊界設立的六座仍適用的界碑以外，依據新劃定的界線，從科羅拉多河到格蘭河又設置了四十七座界碑，至此，美墨之間有史以來首度確立出一條完整的界線。在那之前，勾勒一條完整的國界僅限紙上談兵，而且只存在於政治人物狂熱的腦海中。

***

在美墨邊界北方五十多哩處的轟炸靶場，有探員發現馬丁・烏巴迪・德・

拉．瓦加和他的三名同夥。一行四人已在沙漠六天，並且頂著七月的高溫，沒吃沒喝地遊蕩了四十八小時。獲救時其中一人已氣絕身亡，三名倖存者中，一人很快獲得治療，順利出院。另一名待在加護病房，最近才從昏迷中醒過來，醒來後記不起自己的名字。我到醫院詢問第三名倖存者的狀況時，護士解釋說他腎衰竭復原中，並帶我到他的病房。他就像一顆黑色的石頭般，躺在白色被單下。

我被指派去看守德．拉．瓦加，直到他狀況穩定為止。一旦狀況穩定，我就要負責送他到巡邏站，辦理遣返手續。我在他身旁的椅子上坐下，幾分鐘的沉默過後，我請他跟我聊聊他自己。他靦腆地應答著，彷彿不知道該說什麼，或甚至不知道怎麼說話。他為自己的西班牙語致歉，解釋說他只在學校學了一點點。他告訴我，他來自格雷羅州（Guerrero）的叢林地帶，他們村裡說的是米斯特克語（Mixtec），村民以務農維生。他有七個小孩，五個女孩和兩個男孩，長女住在加州。他偷渡就是為了去那裡和長女一起生活，也給自己找工作做。

接下來幾小時，我們一起看電視劇，他不時轉頭問我美國的女人怎麼樣，像不像電視上演的那樣。他跟我聊起他在墨西哥的么女，她剛滿十八歲。他說：「你可以娶她。」

那天下午稍晚，德．拉．瓦加可以出院了，護士把他的東西帶進來——一條藍色牛仔褲，以及一雙鞋底磨破了的運動鞋。我問他的上衣到哪去了，他說他不知道。我看看護士，護士聳聳肩，說他來的時候就這樣，並補充道：「醫院裡只有病人袍，沒有別的衣服給他穿。」我們從醫院大廳走出去時，我注意到他赤裸的上半身是如何引人側目。我想著他在接下來的日子裡都要獨自一人裸著上身，在異國的土地上被運送著，為了辦理登記及移轉手續，在政府的處理中心之間來來去去，最後搭巴士到邊界，重回他的國家。

到了停車場，我把巡邏車的副駕駛座安置好給他坐，並將後車蓋打開。我到車子後頭，解開我的勤務腰帶，脫下我的制服襯衫和白色汗衫。接著，我把制服重新穿好，回到前座把我的汗衫遞給他。

離開市區之前，我問他餓不餓，告訴他說：「你要嘛就趁現在吃點東西，巡邏站那裡只有果汁和蘇打餅。」我問他想吃什麼，他問我美國人都吃什麼。我笑道：「在這裡，我們大多都吃墨西哥料理。」他不敢置信地看著我。我改口說：「但我們也吃漢堡啦。」我們開到一家麥當勞，在得來速車道上，德．拉．瓦加轉頭跟我說他沒錢。我說：「我請你（*yo te invito*）。」

我們沿著開闊的公路往南開，我把收音機轉到墨西哥電台，我們聽著墨北民歌諾戴妞（*norteño*），他吃他的麥當勞。吃完之後，他默默不語地坐在一旁，望著飛逝而過的沙漠。接著，像是在對我或者別的什麼人說話似的，他幽幽說起格雷羅的雨，說起那片潮濕、蒼翠的叢林。我心想，他可曾想像過來到了這樣的一個地方——在這個地方，他的一名同伴來到生命的盡頭，另一名同伴忘了自己的姓名；大地則依舊兀自散發著火山的熱氣。

***

沿著國界道路追蹤偷渡客的足跡時，我看著一條索諾拉馬鞭蛇試圖找洞鑽過行人隔柵，到墨西哥那邊去。牠沿著鐵絲網蛇行，一路向南找尋出口，腦袋瓜一次又一次撞上生鏽的鐵網，直到最後我引導牠到一個開口很大的網眼上。那條蛇成功鑽過去，爬到連接的道路上之後，我在那裡站了一會兒，目光穿過鐵絲網，望著牠留在沙地上的蜿蜒痕跡。

***

我從國界道路駛過時，一名婦女在行人隔柵的南邊把我攔下來，我停車朝她走過去。她的語氣裡滿是驚慌，急著問我知不知道她兒子的下落。她說他是幾天前越過邊界的，又或許是一星期前，她不太確定。他音訊全無，沒人聽說他的消息，她不知道他是被抓了，還是在沙漠裡迷路了。她不知道他是死是活。她一手抓著胸口，另一手顫抖地扶著柵欄說：「可把我們急壞了（*estamos desesperados*）。」她說話的聲音也在抖。我不記得自己跟她說了什麼，也不記得自己有沒有寫下她兒子的名字，或有沒有給她遠方某個辦公室的電話號碼或諮詢熱線，但我記得自己事後想起德．拉．瓦加，想起他死去的同伴和精神錯亂的同伴，想起我應該向那名婦女問清楚全部問題。那天晚上回到家，我把勤務腰帶和制服往沙發上一丟，一個人站在空蕩蕩的客廳裡，打電話給我的母親，告訴她說：「我很安全，我到家了。」

＊＊＊

簽訂梅希拉條約三十年後，美國和墨西哥的外交官陸續在一八八二年、一八八四年和一八八九年於華盛頓特區召開會議，商討兩國邊界的狀況。自從上一任邊界委員會於一八五六年完成工作以來，有越來越多移民來到西南部緊鄰國界的土地和新發現的礦區工作。在許多地方，國界的確切位置常有爭議，對兩邊的政府相關單位都造成很大的困擾。為此起摩擦的人士，有時甚至被控毀損或移除先前兩國砸下鉅資設立的界碑。

兩國會談期間，雙邊代表一致同意眼前迫切需要判定：「（一）界碑目前的狀況；（二）毀損或移位的界碑數量；（三）在已設界碑或最後還能設界碑之處，有哪些地方宜把沿線界碑設立得比目前更密集；（四）需求的新界碑類型，材質要用石材或鐵，以及個別材質需要的大約數量。」會談於是衍生出另行組織國際邊界委員會之需求，新的委員會有權重設錯置或遺失的界碑，「在舊界碑遭到毀壞之處設立新界碑；依據共同達成的決議，在有必要之處設立新界碑。」

秉持鞏固國界的宗旨，以隔出一條明確可行的界線為目標，會談達成的協議規定「前後兩座界碑之間的距離不得超過八千公尺，在沿線有人居住或能用作居住地的部分，此一限制得以縮減」。在後續進行確認的過程中，委員會發現原來的界碑多數「只是簡陋的石堆……有些石堆之間相距長達二十或三十哩……其中一處長達一〇一哩。」有些界碑整個不見了，或是被風雨偷偷襲捲走、或是被大地吞噬去，彷彿不曾存在過。

委員會的任務最終大功告成，總計修復、更新了四十三座原來的界碑，並新設了兩百一十五座鐵製的界碑。委員會在官方報告中自詡道：「從太平洋岸到格蘭河六百七十五哩長的國界，如今有了比之前蓋得更好、標示得更清楚的界碑，平均間隔只有二．六哩。所以，有史以來第一次，凡是跨越國界者，無論往南或往北，無論是在整條界線的何處，都能看到這條界線存在的證據拔地而起，都能看到一座座迷你方尖碑指向遼闊的天際。」

***

摩拉里斯和我逮捕了兩名趁夜穿越沙漠的男子，他們漫無目的地遊走，遠離任何一條熟悉的路徑。我們舉起手電筒，在微弱光線的照射下，兩人跑都沒跑，直接就跪在地上，雙手顫抖地高舉過頭。他們聽從我們的命令，羞赧地點著頭。我們四人成一列縱隊走向巡邏車時，我觀察到他們的步伐——沉重而茫然。

到了處理中心外面，摩拉里斯和我一邊搜他們的東西，一邊和他們談話。他們跟我們同齡，二十多歲，從瓦哈卡（Oaxaca）同一個山村來的。其中一人戴的棒球帽正面繡了大麻葉的圖案。摩拉里斯問他：「你覺得戴了一頂大麻帽很酷嗎？」那人一臉困惑。他說：「我不知道那是大麻，他們只有賣這個款式。」他那個頭矮小、肚子很大的同伴聽了露出關切的表情，問道：「大麻是這個樣子的嗎？」

摩拉里斯和我翻著兩名男子的背包，把液體、會壞掉的食物和任何可當成武器的東西放到一旁。在大麻帽男子的背包裡，摩拉里斯發現一包厚切牛肉乾（*carne seca*），男子站得挺直了一點，微微一笑說：「我自己做的。」摩拉里斯飢渴地望著那塊肉乾。男子說：「吃一點吧，別浪費了（*no se echa a perder*）。」摩拉里斯說：「謝了，不用。」

挺著肥肚腩的男子的背包底，我找到一包蟋蟀和一包裝得滿滿的小魚乾。男子笑了出來，說是瓦哈卡的經典地方菜（*comida típica de Oaxaca*），並指著蟋蟀提議：「嚐嚐這包烤蟋蟀（*chapulín*）吧。」我倒了一些蟋蟀在手掌裡，丟進嘴裡之前瞥了摩拉里斯一眼。兩名瓦哈卡村民笑了出來。我說：「滿好吃的，酸酸鹹鹹的。」兩名男子熱切地看著我，朝小魚乾比了比說：「試試看你喜不喜歡胡瓜魚乾（*charales*）。」我抓了一隻丟進嘴裡，鹹得我瞬間變臉。我向摩拉里斯嗆聲要不要也來一塊，摩拉里斯說：「不管了，我要吃那個肉乾。」短短的時間裡，我們和兩名男子站在一起，又吃又笑，聽他們聊家鄉事。

摩拉里斯準備護送他們進處理中心時，我負責收拾要丟掉的東西。正要把一個小水瓶丟掉的當下，肥肚男悄聲叫我別丟，說那裡面裝的是他自家釀的梅斯卡爾酒（*mezcal*）。那是他父親從村莊周遭山上採集的龍舌蘭所釀的，已經陳放了六個月。他說：「現在正是最好喝的時候，你拿去吧，別浪費了。」

***

值勤時間快要結束時，莫特森叫我到手續辦理室，幫兩個剛被帶進來的女孩翻譯。她們是一對九歲和十歲的小姊妹，在檢查站和兩名女子一起被逮。莫特森要我問她們一些基本問題：「妳們的媽媽在哪裡？」「在加州。」「帶妳們過來的女人是誰？」「朋友。」「妳們是哪裡人？」「錫那羅亞（Sinaloa）。」女孩連珠炮般緊張地反問我，她們什麼時候可以回家？載她們來的女人在哪裡？她們可以打電話給媽媽嗎？我設法解釋情況給她們聽，但她們太年幼、太懵懂，在一群穿著制服的大男人包圍下又太心慌。其中一位探員拿了一包彩虹糖過來，即使如此，她們還是沒有露出笑容，沒說謝謝你，只是站在那裡，惶恐地望著那包糖果。

一等探員把小姊妹帶到拘留室安置好，我就跟莫特森說我要閃人了，我的值勤時間結束了。他說他們還要面談那兩名跟小姊妹一起帶回來的女人，並請我留下來幫忙翻譯。我說我得回家了，沒辦法再幫忙了。駛離巡邏站時，我盡量不去想那對小姊妹，握著方向盤的雙手不禁顫抖起來。我想打電話給我母親，但時間已經太晚了。

***

太陽下山幾小時後，摩拉里斯和我因為感應器被觸動，在一個遍遠的步道口碰頭。我們就著星光，慢慢爬過都是石頭的山坡，來到一條小徑前，這條陡峭的小徑通往低矮的山口。摩拉里斯拿出他的手電筒，一手遮住燈頭，整個人蹲伏在地。柔和的光芒集中成一束光線，照著小徑上的一小塊泥土地。他低聲說道：「痕跡已經有幾天了。」語畢，他抬頭看看群山的黑色輪廓，又說：「不管是誰觸動感應器，我打賭他們還窩在這個山口上頭。」

我們決定守株待兔，等那群人爬下小徑來。摩拉里斯和我躲在一棵滿身樹瘤的牧豆樹後面，他盤腿而坐，我則在沙地上躺成大字，身體扭來扭去，直到找到一塊沒有石頭的空地。摩拉里斯伸手將沙地撫平，把沙地當成畫布，畫起纏繞的線條來了。我躺著仰望天際，目眩神迷地看著橫空而過的銀河系，像一團閃亮的塵埃襯著夜幕。長達一個多小時的枯等，我們只聽到近處一隻蟋蟀的鳴叫和跳囊鼠輕輕跑過的聲音。我不時打破沉默，叫摩拉里斯看流星，低聲問他看到沒。「有，兄弟，我看到了（*si vato, lo vi*）。」

又一小時的沉默過去，我碰碰摩拉里斯的膝蓋。他應道：「怎樣（*qué*）？」我問：「你還想在這裡待多久？」他答：「操，我不知道。」我們又陷入沉默。

最後，我說：「我打賭這山裡有把風的人，他們一定看到我們上山了。」摩拉里斯把一根樹枝朝他面前的沙地上一丟，說：「搞不好是感應器誤報。我們可以爬上去看看，如果他們還藏在那裡，我們就來個突襲；如果根本沒人，我們就去檢查感應器那裡有沒有腳印。」我搖搖頭說：「如果把風的人看到了，那他們早就逃走了；如果沒有人把風，就算那群人還在那裡，在我們靠近之前，他們也會聽到動靜。」我告訴他，我和莫特森爬過那條小徑，最後一小段陡得跟什麼似的，而且覆蓋著鬆動的頁岩。更何況，如果感應器一開始就誤報了，那我們等於加倍浪費時間。

摩拉里斯和我穿過沙漠，朝我們的巡邏車走回去。我停下腳步，再多看沒有月亮的夜空一眼。摩拉里斯從我身邊走過，自顧自繼續前進。一直到他的腳步離我很遠之後，我注意到一粒小小的光點，徐徐滑過黑暗的蒼穹。我定住不動，頭也不轉地大聲呼喚摩拉里斯，對著漆黑的夜色，我喊道：「過來這裡一下！」我能聽到他一邊嘟嘟囔囔，一邊走回我停步的地方。「你想幹嘛（*qué chingados quieres*）?」我指向天際說：「看。」他埋怨道：「什麼也沒有啊！」我說：「是一顆人造衛星，它從北極星那裡飄走。」最後，摩拉里斯終於說：「靠，我看到了。混蛋（*cabrón*），我以前從來沒看過。」我說我也沒有。我們倆一語不發地站在那裡，默默望著天際。在包圍我們的群山之中，或許也有人影藏在山上，抬頭仰望同樣的星群，看著依稀可見的衛星橫空而過，看著這些小小的星體在地球最遙遠的邊界，虛浮地沿著它們的軌道運行。

***

呼叫聲透過無線電傳來時，我振作一下精神，做好迎接屍臭的心理準備。資深探員們總說，屍臭是最糟糕的了。我剛到巡邏站的第一週，有位資深探員建議我隨身攜帶一小瓶維克斯舒緩薄荷膏，他說：「你要是碰見屍體，就抹一點那玩意兒到你鼻子底下，不然那股味道會跟著你好幾天。」

才剛傍晚仍然炙熱的時分，我來到了現場，哈特已經守著屍體三十分鐘了。

他告訴我：「這人剛死不久，可能死了兩小時吧，還沒有味道。」哈特開車穿過印第安保留區時，兩名少年攔下他的車來。他困窘地朝那兩個小夥子比了比說：「他們在路上堆了石頭。」他把手插進口袋，束手無策似地站在那裡，接著問我可不可以去跟他們談談。他說：「他們一直對著我問東問西，我聽不懂啊。」

其中一名少年一臉茫然地坐在石頭上，我走過去問他怎麼發現這名死者的。他告訴我：「他是我叔叔（*es mi tío*）。」說話時，他直盯著自己的雙手。我問：「你幾歲？」「十六歲。」我轉頭看看他的朋友，站在幾步的距離外，雙手插在口袋裡。我問他：「你呢？」他把目光從地上抬起來，答道：「十九歲。」

死者和兩名少年都來自維拉克魯茲（Veracruz）的同一個村子，三人一起出發，相偕北上。談話間，多半由十九歲少年負責應答。他告訴我，男子死前幾小時吃了兩顆賽旦莫克錠（Sedalmerck），那是偷渡客常用來提神的一種咖啡因興奮劑。他們從維拉克魯茲帶了自家釀的甘蔗酒，男子配甘蔗酒把藥錠吞下肚。幾小時後，男子就像喝醉了似的，走路搖搖晃晃，最後倒地不起。

我走到屍體前。哈特在死者臉上蓋了一件襯衫。我把襯衫掀開，看了看他的臉。死者雙眼緊閉，一頭黑色的長髮看起來已經像是死人的頭髮。白沫從他張開的雙唇間湧出來，聚集在他嘴邊。小小的紅螞蟻排成乾淨俐落的隊伍，爬過他的臉，朝白沫挺進。死者腹部兩側的襯衫掀了開來，隨著血液停留在身體接近地面處，我看得到他的皮膚轉為紫色並伴隨著鐵青色。我伸腳以鞋尖輕推他的手臂，已經僵硬到出現悚慄的屍斑。

十九歲少年說，他們三人脫離了隊伍。嚮導叫大家分散開來，躲在路邊的樹叢裡，等待來載他們的貨車。他說他們一定是躲太遠了，因為一會兒過後，他們聽到車子停下又開走的聲音。在那之後，他們就找不到半個人影了。頂著八月的高溫，他們沿著路邊走了幾哩路，直到那名死者倒地喪命為止。路上很少有車經過，少年在路邊等著攔車，但都沒人為他們停下，所以他們才把石頭搬到路上，迫使經過的車停下來。

少年問我死者會怎麼樣，他們能不能跟屍體一起去醫院。我說他們不能跟去，他們必須跟我們走。他們會被遣返，屍體則會交給部落警察。少年又問屍體能不能跟他們回墨西哥，能不能把屍體帶回他們村子。我說不能，屍體必須交給縣法醫，由他來判定死因。我告訴少年，他們會被帶到區總部見墨西哥領事，屍體送回墨西哥的相關事宜是由這位領事來安排。我說話時，死者的侄子直盯著地面。我提議道：「或許可以請領事開個證明書給你們，讓你們帶回家給家人。」

兩名少年不願棄屍體於不顧，而在我向他們解釋流程時，我自己都不禁懷疑起來。我在現場任職不久，但就我所知，他們是否真能見到領事，領事是否真能安排將屍體遣送回墨西哥，少年能否收到一張紙、用那張紙幫他們向死者家屬說明他在北上途中出了什麼事……這些都是問題。我在向他們說明時，哈特過來指示兩名少年脫掉皮帶、鞋帶、手錶、項鍊，或任何他們可能戴在身上的首飾；口袋裡如有打火機、筆、刀子或任何尖銳物品，也請拿出來。我看看哈特。他說：「運送車就快到了。」

開車來載兩個少年回巡邏站的，是一名甚至比我和哈特還更菜的探員。他帶了相機來拍屍體的照片，我注意到死者的侄子看他拍照看得出神。我向這名少年解釋，警方需要這些照片，我們在巡邏站做報告得把照片附上。他點點頭，彷彿聽到了但沒聽懂，彷彿他知道反正例行公事就是這樣。

兩名少年坐上運送車之前，我過去向他們失去親人致哀。我說：「這很令人難過。」我叮囑他們，以後如果決定還要偷渡，絕對不要挑夏天。夏天太熱了，頂著高溫硬闖是賭命的行為。我也告誡他們，絕對不要吃蛇頭（coyote）[11]給他們的藥，因為那些藥會吸收人體的水分。我還告訴他們，很多人都死在那裡，年復一年，每到夏天，天天都有人死，死的人很多，半死不活的人更多。兩名少年謝過我（我想是吧），然後就上了運送車被帶走了。

我從陳屍地點離開時，已經黃昏了。溫暖的夕照灑向聚攏在南方的暴風雲團上，我朝暴風雨處駛去，天地隨著太陽西沉以及降雨陡然變暗。第一波雨水打在

---

11 原意是北美草原上的土狼，被引申指帶領外來人士從墨西哥邊界偷渡進入美國的不法分子。

擋風玻璃上時，我聽見勤務中心透過無線電呼叫仍在陳屍地點留守的哈特。部落警察現在沒有人手能派過去，勤務中心說他得跟死者待久一點。

後來那個晚上我們的值勤時間結束時，我看見哈特回到巡邏站，便問他那具屍體怎麼樣了。他告訴我最後暴風雨來了，勤務中心叫他把屍體留在原地自己離開，部落警察要到次日才能派員處理。他說：「沒事，他們知道屍體的座標位置。」我問他，在黑夜裡顧著屍體，感覺會不會很詭異？他說還好啦，至少屍體還沒發臭。

我們站著聊了一會兒，聊暴風雨，聊沙漠裡的屍體，而且還在下雨的夜裡，聊到夜裡可能跑來的動物，聊隨著破曉而來的濕氣和熱死了的高溫。我們聊了一會兒，然後各自回家去。

***

夜裡，我夢見自己磨牙磨到牙都掉了，我把斷齒吐到手裡，捧著牙齒碎片到處找人，想讓人看看那些碎齒，想找一個能看懂發生了什麼事的人。

***

瓜達盧佩─伊達爾戈條約生效後，接下來幾年，陸續有不同的人奉派去勘測初具雛型的美墨邊界。這些人都不禁要說他們的任務不是尋常任務，邊界的景觀也不是普通的極端與陌生。在某些地方，委員會報告批評這條界線根本是「任意選定的」，並表示他們的工作根本「行不通」。測量人員則指出：「隔著距離美，被世人想像成人間天堂的這片土地，絕大部分實在是貧瘠的荒地。除了用來當兩個相鄰國家之間的屏障或天然界線以外，這塊地就一無是處了。」加斯登購地案之後，納桑尼爾·米克勒（Nathaniel Michler）中尉向威廉·H·艾默里委員表示：「再怎麼想像，也想像不到一塊更惡劣、更荒蕪的土地……放眼所及盡是石灰似的土壤，石頭看起來就像熔爐礦渣，沒有任何草地，枯癟的植被比貧瘠的大地本身更讓人不快。」

原先的測量時隔三十多年後，後續的測量員發現鄰近國界的土地依舊「杳無人煙」，並指出「所有植被幾乎盡是有刺植物，花朵普遍沒有花香，最常見的樹種散發一股樹脂味。」巨人柱仙人掌被形容為「奇形怪狀、有礙觀瞻、奇醜無比的物體」，生著「笨拙的臂膀」。在某些地方，這些邊界土地「美得難以形容」，崇山峻嶺「像島嶼破海而出般拔地而起」，但除此之外，其餘盡是「無望的沙漠」、「荒涼孤寂之地」。

一八九二年二月，聲勢浩大的實地勘察團從艾爾帕索出發，展開重新測量和重做標記的工作。團隊成員多達六十人，包括數名委員、工程師、天文學家，乃至於一名祕書、一名工地行政、一名調度員、一名鐵匠、一名軍需官、一名木匠、一名隨行醫官、一名記錄員、一名攝影師、一名地形測量員、一名繪圖員、一名水平儀器操作員，還有多名運輸員、標尺手、瞄準員、車伕、包裝工、廚師及其他幫手。為了載運物資，一行人帶了八十三頭騾和十四匹馬。美國戰爭部（U.S. War Department）更派出軍隊，由二十名在籍騎兵和三十名派遣步兵護送這支遠征團隊，「以防印第安人和其他盜匪出沒。」

遠征之初，「人畜皆不諳艱辛、不善吃苦，但經過幾天的磨練，成員泰半適應了野外生活，工作很快就進展神速，進度令人滿意。」為了重新確認國界的路線，天文學家及其助手用「泰爾各答法」（Talcott method）研判緯度，或以「電報交換信號」，歷時十個夜晚，從遙遠的觀測站觀測相同的星斗，藉此進行定位。工作小組也用了經線儀、牛眼提燈、鋼捲尺、白塞爾橢球體（Bessel spheroid）、架在磚座上的天頂儀、架在木座上的六分儀，以及一台「制動螺旋和微動螺旋透過螺旋彈簧在水平面內旋轉的架設方式」的福特複測經緯儀（Fauth repeating theodolite）。

隨著測量團在國界往來穿梭，拓荒客前仆後繼乘火車或馬車而來，紛紛在沿線清楚的地段開墾起來。這些人往往是在邊界新開拓的居地工作，委員會在報告中提到「美國拓荒者貪得無厭、搶過了界的行動」和「墨西哥官員的盛情與禮遇」。在某些地區，才剛強占來的領土太過偏遠、陌生到需要派踏查隊去確認

「土地的水源、道路和整體地形特徵」的可靠資訊。測量員形容這裡的地景光禿而蕭條，荒涼而鄙陋，點綴著一座座的岩丘，以及石灰岩、斑岩、紅色玄武岩和火成岩形成向上突起且山脊狹窄的陡峭岩山，伴著空洞的火山口以及周圍散落著破碎熔岩的死火山。

行至沙漠最偏遠的角落時，測量團經過了前人的墳堆。委員們報告：「單日路程中，路邊總計就有六十五座墳堆，其中一座埋了全家人。他們的馬體力不支，光憑徒步又無法穿越炙熱的沙漠，一家人就這麼渴死了。次年雨季，行經此地的旅人發現了這些屍體，便把他們埋作一堆，並以石頭排成十字架。」測量團戰戰兢兢地沿著惡名昭彰的魔鬼公路（Camino Del Diablo）前進，他們在報告中指出「短短數年之間，這條路有很多旅人走過，」一八五〇年代至一八六〇年代的加州淘金潮期間，「據說有四百人渴死……這在北美洲恐怕是史無前例。」

測量員明白表示：「為沙漠工作團隊供水是勘測行動的一大問題，相形之下，其他障礙都顯得微不足道。」針對國界在陸地上的部分，委員會的最後一份報告中揭露：「儘管總長約七百哩，但只經過了格蘭河和太平洋之間五條永流河。」報告特別費心描述了以格蘭河為國界之處「水流變化無常，水質渾濁」、帶有「大量沉積物」，並指出「因此，兩國在此是以沖積河床為界，而河床在侵蝕作用下不斷改變著。」就彷彿測量員間接承認：不管花了多大的工夫劃定國界，它還是會隨著變化莫測的河水不停變來變去。

***

當我值勤結束，朝車子走去時，我看到莫特森和一群探員站在槍械彈藥庫外。我過去跟他打招呼時，接著就聽到一位名叫畢曲的探員跟其他人聊起他當獄警的日子。畢曲說：「有個傢伙老是自殘，沒人阻止得了。我對天發誓，他整天滿腦子想的就是怎樣割破自己的皮膚。不管什麼到了他手裡，都能變成他自殘的凶器。我說的是鉛筆、塑膠片、硬紙板，你說得出來的都行。操，連雜誌都能拿來用——有一天，我到他的牢房，他兩隻前臂滿是一道道用紙割出來的傷口，還有成千上萬顆小小的血滴。我一走進去，這傢伙就像被車燈照到的鹿，傻愣愣地看著我。」莫特森喃喃地說：「太慘了。」畢曲卻說：「見鬼了，這還不算什麼。就這同一個王八蛋，有天我被呼叫到他的牢房，他就坐在那裡，褲襠一攤血。我沒唬爛你們，他老兄用磨利的塑膠湯匙鋸掉自己的老二。」在場的探員們無不驚呼出聲，其中一位把提神飲料的空罐丟到畢曲腳邊。另一位則捧腹大喊：「我的老天爺。」畢曲笑了出來，接著又說：「操，你們覺得我看了什麼感覺？各位應該聽聽我是怎麼通報護士的。」

一位名叫納瓦洛的年長探員搖搖頭，伸手抓住自己的勤務腰帶，把腰帶從鬆垮垮的肚腩底下提上來一點。他說：「有些人就是那個樣子，他們才不當一回事（*les vale madre*）。」幾位探員點頭附和。納瓦洛繼續說：「我在伊拉克的時候，隊上有個很瘋的白人小夥子，給自己的老二穿了環。」探員們聽了身體一縮。「隊上其他人老愛找他麻煩，因為他很迷重金屬什麼的，怪胎一個。我們開始叫他瑪麗蓮．曼森[12]。」莫特森笑了出來，納瓦洛瞥他一眼。「後來還更扯，老兄，這小子成天看一些亂七八糟的雜誌，裸體刺青啦、穿環啦之類的色情圖片。有一天，他給我看一張老二的照片，那根屌從龜頭裂開到陰莖中間為止，像蛇分岔的舌頭一樣。我沒唬爛你們，那小子正經八百地看著我說，這是他心願清單的下一項。」探員們一片嘩然，哀嚎聲四起。在此起彼落的叫嚷聲中，丟飲料罐的那位探員對納瓦洛喊道：「結果他給你看了嗎？」其他探員笑了起來。納瓦洛又拉了拉他的腰帶，搖搖頭說：「這小子沒機會實現心願，一星期後他就被轟成碎片，老兄，轟一聲，就那樣沒了。我親眼看到的。」

探員們沉默下來，有幾位低頭看著地板，帶著尷尬的愧疚似的。但畢曲保持抬頭挺胸，他看看納瓦洛，兩人像是心領神會般，對彼此點了點頭。

＊＊＊

12 譯註：Marilyn Manson，美國哥德風金屬樂團主唱，以瑪麗蓮·夢露的名字和邪教領袖查爾斯·曼森的姓氏合成藝名。

叫聲從遠處一條羊腸小徑傳來，第一個聽到的人是摩拉里斯。他走了大概一、兩哩路，發現一名歐斯底里躺在地上的少年。少年在距離邊界二十哩的遼闊牧豆樹林裡已經迷路超過二十四小時了。把他丟在那裡的蛇頭說他拖累全隊，他給少年半公升的水，指著遠方的幾座小山，叫他朝那些小山走去，直到找到一條路為止。

我抵達時，少年在摩拉里斯身旁的地上，縮在樹蔭底下，哭得像個小孩。他很胖——他的拉鍊壞了，褲襠半開，褲頭露出半截屁股，汗濕的襯衫被扯破反過來穿著，鬆垮垮地從肩膀垂下。摩拉里斯看看我笑了笑，然後轉頭跟少年說：「胖子（*gordo*），你的水來了。」我在他一旁跪下來，把一大壺水遞給他，他啜了一口就開始喘氣呻吟。我說：「多喝一點，但要慢慢喝。」他哀嚎道：「不行，我快死了。」我告訴他：「沒這回事，你還在流汗呢。」

這孩子再多喝了一點水之後，我們扶他站起來，設法帶他穿過樹林到路上去。他跌跌撞撞地拖著腳走，不時在我們身後鬼叫道：「喂！長官，我不行了

（*ay oficial, no puedo*）。」我們低著頭曲著身體，在糾結纏繞的樹枝間鑽來鑽去，我越來越受不了他的驚惶失措。終於，我們闖出那片樹林，可以看到泥土路了。「胖子，你看到那兩輛車了嗎？你能走到那裡嗎？還是我們把你丟在這裡好了。你不行了，對吧（*no puedes, verdad*）？」

在開回巡邏站的路上，那孩子鎮定了一點。他告訴我，他十八歲，打算去俄勒岡州賣海洛英，「一把一把賣（*un puño a la vez*）。」他說：「我聽說這樣能賺很多錢。」沉默了幾分鐘後，他又說：「你知道嗎？我真的以為自己會死在那片樹林裡。我向神禱告，求神保佑我脫困。我向聖母禱告。我向所有我想得到的神禱告。真是奇了，我從沒這樣禱告過。我從不信神。」

***

我最後還是去醫院看摩拉里斯了。他沒戴安全帽，騎機車出車禍。有段時間，我們聽說他頭部受到重創，恐怕活不下來。他昏迷的那個星期，我完全不敢去看他。他剛清醒的前幾天，已經可以開口飆髒話、把自己身上的管子拔掉，但還不認得任何人時，我依舊不敢去看他。

一走進他的病房，我就被他枯瘦的模樣嚇了一跳。他深邃的眼睛掛著黑眼圈，鼻孔插了一條鼻胃管，手臂接了一條靜脈注射管。左側頭顱一道巨大的傷口，半邊頭髮都剃掉了。他輕聲對我說：「嗨，兄弟（*ey vato*）。」我對他笑了笑說：「新髮型還不賴。」他像是飄到了很遠的地方，眼睛掃視著這個房間，彷彿在找一個地標，一個能讓他認清這裡是哪裡的地標。

摩拉里斯的童年玩伴從道格拉斯過來，他也在病房裡。他告訴我，摩拉里斯的左眼看不見，但醫生認為視力最終會恢復。摩拉里斯的爸爸媽媽也在，兩人以西班牙語輕聲交談。我抵達之後，過了一會兒，柯爾和哈特來了，他們剛值勤完，還穿著制服。他們站在摩拉里斯身旁，低頭看他。柯爾要他放心，說他很快就會回到現場，像之前一樣大顯神威。柯爾說話時，我能看到他眼裡閃著淚光。

我向他們告退，說我馬上回來。

到了外面，我站在停車場，設法打起精神。我想著柯爾眼裡的淚光，想著摩拉里斯不知飄到哪裡的目光，想著他縮在角落裡的雙親，他們的身影越縮越小，制服探員占滿整間病房，在他們的兒子床邊盤旋。我的臉頰發燙，感覺自己的眼睛濕濕熱熱的。太陽的光線益發明亮，周遭車輛和樹木的輪廓變得銳利，接著又模糊起來。我閉上眼睛，深呼吸一口氣。我決定不回去了。我不要讓眼淚流下來。

***

下午晚些時候，我從國界道路開出去，穿過一座座岩丘和長長的山谷，開了一小時多到熔岩流那裡。隨著越來越接近熔岩流，大地變得更黑、更沉，光禿禿的地表沒有灌木叢，也沒有仙人掌。南邊一座無名山脈底部鑲著一排黯淡的沙丘，色調忽而黑、忽而紫地在地平線上變換著。我一邊慢慢駛過熔岩流，一邊望著窗外的黑色岩石在午後驕陽下閃著似是濕亮的光澤，大地在噴發的火山之間沸騰、融化，岩石轟然陷落。熔岩在不住的流動間，嗶嗶啵啵地冷卻下來。

***

正當我沿著一條沙土小路駛過印第安保留區時，一名開車經過的男子揮手攔下我來。我們各自把車停到路邊，下車說話。男子身材很高，留著一頭長髮，說話時望著遠方。他介紹自己名叫亞當，說他和家人住在附近的村子裡，探員們稱那裡為「吸血鬼村」。他告訴我，最近有陌生的車輛經過他們村裡，這些車輛不屬於他認識的任何居民。他說：「我們這是個小地方，只有我們印第安人才有理由來。除非是本地人，除非在那裡有家人或什麼的，否則不會有人經過。」

亞當的太太走下車，到路邊加入我們的談話。她緊靠著她丈夫，除了伸手撥開臉上的髮絲時，雙手一直塞在口袋裡。跟我說話時，彷彿在斟酌用詞似的，一字一字說得很慢。她說：「今天早上，亞當剛出門工作，就有一群男人來敲門。我一個人──家裡只有我和我兒子。」她說著朝他們夫妻倆的車子比了比，我看到她的手在抖。他倆的兒子獨自坐在車後座，玩著一個歪七扭八的玩偶。男孩跟父親一樣戴著眼鏡，我看了看他，注意到他的身體不時一陣緊繃，像在壓抑內心的恐懼。突然間，男孩開始甩頭，接著他望向窗外，盯著我們，厚厚的鏡片放大了他的眼睛。他張大嘴巴，像在痛苦尖叫。

「來敲門的男人跟我要水喝，」亞當的太太繼續說道：「但這些人沒揹背包，他們不像一般的偷渡客。」我問她：「什麼意思？」她解釋道：「我們就住在離國界二十哩的地方，成天有迷路的非法移民經過。但這幾個男人不一樣，他們不像迷路的樣子。他們不累，他們不害怕。你懂嗎？他們穿著迷彩褲，而且也沒揹背包。偷渡客總是揹著背包。」

她繼續說：「你知道，每當有人來敲門，我們就給他們水喝，然後立刻聯絡邊境巡邏隊。偷渡客向來只是坐在那裡，等巡邏隊來帶人。他們只想離開這片沙漠。但當我說要打給邊境巡邏隊時，這群男人變得很不高興。他們威脅我說，妳最好不要打。接下來，他們又跟我要食物和更多的水。我覺得自己別無選擇，所以就照他們說的做。他們拿了東西回沙漠去了。」

亞當說：「之前有人趁我們不在闖進家裡好幾次。你知道，他們把整棟屋子給翻遍了，像是在找有沒有槍之類的。他們把屋子裡搞得一團亂，結果卻只帶走食物。而且他們把水龍頭開著，每次他們都開著水龍頭不關。」

亞當的太太低頭看著腳，繼續說道：「那天早上，後來我聽到沙漠傳來巨響，就像樹幹從中劈成兩半那種聲音。聲音大到把我兒子都吵醒了。兩小時後，我從窗戶看到一輛休旅車開進村裡，經過我們家，最後停在教堂邊。看起來像車子拋錨了，引擎蓋底下有煙冒出來。兩個男的下了車，一個是墨西哥人，一個是印第安人，他們開始挨家挨戶敲遍全村的門。我就是這時候打電話到亞當的辦公室。」

亞當接著說：「我叫她把整棟屋子鎖好，拉下百葉窗等我回家。你知道，我們以前從沒看過那輛休旅車。它還停在那裡，就在教堂前面。」我看看亞當和他太太，最後說：「我會過去看一下那輛車，查一下它的紀錄。你們如果把電話號碼留給我，之後我會看怎麼樣再通知你們。」

亞當和她太太開走不久，我攔下一台開得很慢的車。這輛從村子往北開的車，上面坐了三個人，駕駛是墨西哥人，頂著個大光頭，一副冷酷的模樣，渾身滿是刺青，左眼的眼角刺了兩顆淚珠。在他身旁的副駕駛座上，一個沒牙的男人醉醺醺地左搖右晃。我問這個酒醉男子的大名，他說我可以叫他麥克．傑克森。車上三人哄堂大笑。他說：「開玩笑的，我是印第安人。」車上三人又是哄堂大笑，笑得甚至更厲害了。

我向後座的女性要身分證。她伸手到皮包裡時，我制止她道：「妳的包包裡最好不要藏了什麼武器。」她看看我，笑了出來，另外兩人也跟著大笑，笑得比之前更大聲，笑到令我很反感的地步。我聯絡勤務中心查他們的資料，勤務中心說酒醉男子有縣警開的走私毒品逮捕令。我告訴勤務中心，這人是部落成員，請派部落警察過來支援。

我回到那台車旁，叫酒醉男子下車來，押送他到我的巡邏車前。我告訴他：

「你有一張逮捕令。」他說：「喔，這樣啊。」我繼續說：「我要給你上銬，你得坐在我的車後座等，直到我們查清楚狀況為止，明白嗎？」他搖搖晃晃地說：「可以啊，你銬吧。」我把酒醉男子關在後座，只見他彎下身來開始啜泣。

我走回那輛車，請駕駛同意我搜車。那男的瞪著我。我說：「聽著，渾球，愛瞪不瞪隨便你，但不管你同不同意，你兄弟的走私逮捕令都給了我搜車的充分根據。」那男的聳聳肩，朝後座的女性點點頭說：「車是她的，我不在乎你對她的車做什麼。」我命令那男的下車讓我搜身。後座女性自顧自笑了起來。駕駛張開雙手雙腳趴到車上時，眼睛木然地盯著遠方。我從他的口袋搜出一把刀，於是抬起頭來看他的眼睛。順著他的目光，我看到遠處掀起滾滾沙塵，一輛警車朝我們駛近。

來支援的部落警察還不滿十九歲。我搜車時，他就和刺青男子、不停笑著的女子一起站在路邊。搜車沒搜出什麼所以然來，我走向刺青男子，把車鑰匙丟給他，告訴他說：「你們走吧，麥克·傑克森留下。」那女的拖著腳朝車子走回去，男的目露凶光對我斜嘴一笑。隨著他們的車漸行漸遠，我問部落警察酒醉男子怎麼處理。他說：「這個嘛……長官，我剛剛接到我們隊長的指示，他的逮捕令出了縣轄區就不能引渡，在保留區被你攔到算他走運。」我搖搖頭。部落警察聳聳肩，又說：「但因為他喝得爛醉，所以我會帶他回局裡，直到他清醒過來，或直到有人來帶他走，就看哪個先囉。」

天都黑了，我才終於開上通往吸血鬼村的泥土路。這地方看起來很荒涼，除了掛在土磚老教堂前的一盞燈，就沒看到什麼燈火。亞當太太提到的休旅車還停在原地，車身蒙上一層灰，周遭留有腳印。我打給勤務中心查車牌號碼和車架號碼，但查出來的紀錄很清白。隔著黑漆漆的車窗，我看得到後座的椅子拆掉了，車內滿是塵土，麻繩和空水瓶丟了一地。車底板上胡亂放著兩個備胎、一個備用電瓶、幾包補胎工具組和數瓶自動充氣補胎液。我跟著這輛車的輪胎印，穿過空蕩蕩的村落，來到經過亞當家的兩道車痕這裡。從屋子望過去，我看到沙漠上有幾處灌木叢被輾過，樹枝斷裂，開出一條路來讓車子通過。兩道車痕最終沒入遼闊的沙漠，地面變得崎嶇多石，難以追蹤痕跡。我用手電筒查看地上的腳印和被踢翻的石頭，並在乾谷邊緣糾結的灌木叢中搜尋漆成黑色的水瓶和包裹。我停下腳步，關掉手電筒，豎起耳朵來聽。我知道穿迷彩褲的男人就在這片沙漠上。我知道他們把東西從拋錨的車上搬下來，藏在附近的乾谷或灌木叢裡。我知道他們在等待再次行動的時機。時機一到，他們就會把東西裝上另一輛可隨意拋棄的簡陋車輛上。而我最後終於知道，我是找不到他們的。

駛回巡邏站之前，我按照亞當稍早給我的電話號碼打過去。他在家，我聽得到他兒子的哭聲。我告訴他，那輛休旅車的車牌紀錄很清白，我追蹤了他們屋子南邊的兩道車痕，結果一無所獲。我告訴他，如果那群人又來他家，或他聽到沙漠傳來異樣的聲響，就請他再致電巡邏站。他沉默了一下，接著向我道謝。我聽得到他太太隱約的說話聲，我知道她還是很害怕。我不禁懷疑自己是不是在幫倒忙，我是不是該告訴他們，我看到開那台休旅車進村子的人了，他們還在外面消遙，穿迷彩褲的那群人也還在外面消遙，他們全都會回來，他們永遠不會忘記亞當一家的位置，也不會忘記亞當的太太和她的疑心。我想叫亞當帶著他剛建立的小家庭搬走，搬到離邊界遠遠的地方，不要住在這種運毒路線和走私通道縱橫交錯的窮鄉僻壤。我望著擋風玻璃外面，想著我要說什麼才好。最後，我問亞當為什麼大家要叫他們的村子「吸血鬼村」。他想了一下，答說他不知道。一開始，他輕聲笑了笑，接著他大笑起來。我也跟著笑，因為不知道自己還能作何反應。我笑著把話筒貼近耳朵，等他再多說些什麼。

***

晚班值勤結束回家的路上，我看到我家的街角有個男人在暗處徘徊。時間還不到清晨，大概是兩點或兩點半之類的，那男的獨自一人站在街燈下，像是在等人。車子轉入我住的街道時，車頭燈掃過他，我看到他剃了個大光頭，身上有刺青。他沒看我，但他盯著我的車開過去。我頓時有種不祥的預感，覺得我就是他在等的人。

我故意過家門而不入，繼續往前開了好幾條街，再轉入一條後街。我一直開，慢慢駛過附近區域，不知要往哪裡去。一會兒過後，我覺得很蠢，便將車子迴轉，開回我家去。我開到剛才看見那男人的轉角，但那裡沒有半個人影，只有空蕩蕩的人行道。在街燈照耀下，黃色的人行道殘破不堪。我繞著整個街區開了一圈，還是沒看到半個人影。於是，我把車子開進我家後面的泥巴小巷，關掉車頭燈，再摸黑朝我家車道開上去。

我把東西都留在車上，盡速下了車。進到屋裡後，我沒開燈，摸黑在各個房間轉了一圈，制服和勤務腰帶都還穿在身上。我用我的手機打給警察局，在廚房裡一邊來回踱步，一邊跟執勤員說我看到有個男的在我家外面。我說：「我是一名探員。」執勤員說：「喔，我們立刻派人過去。」我掛斷手機，獨自站在一片漆黑的客廳，縮在一扇窗戶邊，透過百葉窗窺視空蕩蕩的街道。

***

我一個人開車到市區邊緣的靶場。場上寒風呼嘯，所以我在我的靶架底部堆了石頭，免得它被風吹倒。我把一大張印有灰色人形的靶紙釘到厚紙板襯底上。一圈圈的同心圓集中在灰色人形的胸口。我站在各種不同的距離，分別離靶子三碼、七碼、十五碼、二十五碼。我用隊上的配槍，練習雙手托槍、單手托槍、左腳在前、右腳在前、跪姿發射、從腰帶拔槍發射、站在障礙物兩邊等等射擊法。

射完一輪之後，我用自己的點二二手槍射一個較小的靶子。就在我停下來補子彈時，一隻黃色的鳥兒停在靶架頂端。我想等牠飛走，但牠一直在靶頂跳來跳去。我四下張望，場上空無一人。我突然覺得，或許我應該射下那隻鳥，向自己證明我也有本事取下生命，即使是這麼小的生命。

我一槍射下那隻小鳥，然後走過去撿起牠的屍體。死屍在我手裡像是沒有重量。我用指尖輕撥牠黃色的羽毛，撥著撥著，我開始覺得反胃。有那麼一瞬間，我心想自己是不是瘋了。我在靶場邊緣的一棵木叢底下挖了個小洞，把鳥兒埋了，蓋上清新的泥土，堆了一小堆石頭。

***

平安夜十二點，就在我值勤結束前，我聽到墨西哥那頭傳來槍響。我把車停在一座小丘的山頂上，站到車頂看南邊地平線上燦爛的煙火。

回家之後，我把再來和我一起過節的母親叫醒，她惺忪的睡眼裡透著擔憂。我們一起坐在空蕩蕩的客廳，喝著蛋酒徹夜長聊，邊聊還邊把爆米花串成一串，掛到人造聖誕樹上。母親問我值勤值得如何，我說很好。她問我喜不喜歡這份工作、有沒有學到我想學的。我知道她在問什麼，但我沒有力氣思考答案，我沒有力氣去衡量現況是否符合我的初衷。我草草回答她道：「這份工作沒什麼喜歡不喜歡的，我不太有時間坐下來想東想西。」母親臉上緩緩掠過一抹無奈的神色。我告訴她：「那是我的工作，我在努力適應中，我在努力讓自己上手，其他的以後再來想。」

母親說：「你知道，我擔心的不只是你的安危。我知道一個人在工作中可以多迷失。我知道當人置身於體制之中，內心可能多麼困頓。你問過我，回顧自己的工作生涯，感覺怎麼樣？唔，國家公園管理局是一個機構，這機構好歸好，終究仍是一個機構。坦白說，現在我能看清自己在工作中是如何慢慢失去目標的，即使我離大自然很近、離我所愛的地方很近。你瞧，政府拿走我的熱情，並按照它要的目標，扭曲了我的熱情。我不想你步上我的後塵。」

我打斷她。我累得沒辦法去想我的熱情或目標。我不敢跟她說我的死屍之夢和碎齒之夢，也不敢跟她提起那隻被我埋在石堆下的小鳥，還有我開車時顫抖的雙手。我說：「媽，我們開禮物吧。」

***

天黑之後，觀測巡邏車發現一群二十人正朝北邊的轟炸靶場前進。執勤員說他們移動得很慢，看來可能有女人和小孩。他引導我們過去，我們很快就找到他們的行蹤，但在越過一段石頭密布的漠坪時，蹤跡就不見了。我們分頭搜索山坡，找尋腳印和被踢翻的石頭。我找得心急如焚，想著這裡和最近的公路之間隔著無邊無際的大漠，想著這群人有可能在哪裡停下來求援。朝我們的車走回去時，我變得氣急敗壞。他們有二十個人，速度應該很慢才對，但我還是跟不上，我追蹤不到他們，我甚至沒能靠近到得以遠遠聽見他們的距離。所以，他們現在還在沙漠上。男女老幼，一家大小，無影無蹤，沒消沒息。而我無力幫助他們，無力阻止他們徹夜漂泊流離。

第二章

情報員

母親以聖方濟（Saint Francis）之名為我命名，亞西西的聖徒方濟各（San Francisco de Asís）是動物的守護神。睡前，她會把《聖方濟的小花》（*The Little Flowers of St. Francis*）當床邊故事唸給我聽。那是一本中世紀聖徒故事的選集，故事中有聖方濟對鳥兒的布道；有貧窮人家的同胞愛；還有耶穌誕生之始的那幕場景，當時聖方濟將活生生的動物安排在格雷喬村（Greccio）的山洞中。故事中也有一頭可怕的大野狼，牠是古比奧鎮（Gubbio）的心頭大患，每當有牲畜或鎮民來到荒郊野外，牠就會把他們吃掉。書上寫道，在那些日子裡，古比奧的鎮民「惶惶不安，習慣帶武器外出，像要上戰場似的。基於對那頭狼的畏懼，他們不敢走出城牆之外。」

當時居住在古比奧的聖方濟對鎮民宣布，他會走出城門，以身涉險去那頭狼的窩巢。就這樣，他來到郊外，一小群鎮民隔著一段距離尾隨在後，想看看他怎麼跟動物打交道。他一靠近，那隻野獸就張開血盆大口撲了上來，眼裡滿是殺氣。但聖方濟畫了個十字，野狼就闔上嘴巴，靜靜趴在他面前。聖方濟說：「狼兄，你在這片土地上做了許多壞事，沒有上帝的允許就毀壞、殺害祂所創造的生物。你不止殺害動物，竟然還敢吃人。」野狼像是認錯般低下頭來。聖方濟繼續說：「所有人都大聲反對你，全城居民都與你為敵。但我會為你和他們談和，喔，狼兄。」

聖方濟提出和平條約：為換得野狼停止殺生的承諾，終其一生，古比奧鎮的居民每天都要餵牠吃東西。「你再也不必挨餓。」他告訴野狼：「你之所以作惡多端，都是因為飢餓所致。」聖方濟伸出手，問野狼能否保證信守承諾。數世紀以來，有各種繪畫、插圖、壁畫和雕像，刻劃了野狼對聖方濟報以順服的姿態，這隻動物或者垂首以示同意，或者將腳掌按在聖方濟手上，或者以後腳站立，伏在聖方濟胸口，像是要舔他的臉。

牙醫將一面小鏡子伸進我嘴裡，歪著頭從不同的角度戳來戳去。他拿一根長長的金屬工具，挑挑我的牙齒、刮刮我的牙齦，忙了幾分鐘，然後抬頭問我：「你知道你有磨牙的毛病嗎？」我茫然地看著他：「什麼？」他說：「你睡覺會磨牙。你知道這件事嗎？」我說：「喔，我不知道欸。」他說：「嗯，裡面的牙齒已經磨得不太美觀了。」我東看西看，莫名一陣恐慌。我說：「我不知道自己有這個毛病。」他安慰我道：「沒什麼好擔心的，很多人都會磨牙，但你看起來像是這幾年才開始的，病歷表上都沒提到這件事。」

牙醫從檯面上抓起我的病歷表來看，問道：「你是做哪一行的？」我告訴他：「我是邊境巡邏探員。」他說：「哇！一定很刺激吧！你在哪裡駐紮？在土桑市（Tucson）這裡，還是在沙漠上？」我想了想該對他透露多少，不確定他只是想表現得親切友善，還是想探人隱私。最後，我答道：「嗯，直到幾星期前，我還在前線執勤，駐守在離這裡幾小時的巡邏站，一個前不著村、後不著店的地方。但我剛調派到市裡的區總部，做些不太花腦筋的事情。」牙醫說：「了解。工作壓力很大嗎？你知道，磨牙跟壓力有關。」他的問題讓我有點訝異，沒人這麼直白地問過我。我停頓一下，想了想說：「不會啊，壓力不大。」牙醫沉吟道：「這樣啊……依我看壓力不小呢。」我想到自己做的夢，改口坦承道：「嗯，現場勤務有時很緊張，但我現在只是坐辦公桌，打打電腦而已。」

牙醫默默在我的檔案中寫下他的註記。他問：「所以你為什麼不留在前線了呢？轉做內勤不會覺得無聊嗎？」他的問題有點惹毛我了，我怕自己在他眼裡顯得很懦弱或缺乏安全感之類的。我說：「這種調職算是一種升遷，讓你有機會學習新的東西，認識工作的另一面，你懂嗎？」牙醫看看我，聳聳肩說：「以前我也坐過辦公桌，對著電腦螢幕能學到的東西就那麼多。」我翻個白眼，搖了搖頭，回道：「聽著，我不知道還能跟你說什麼。暫時脫離前線、到市區住一陣子，我覺得滿好的。」他舉雙手投降道：「好、好，我明白了，我只是想避免你把自己的牙齒磨掉。」

***

幫我們做新到職員訓練的是海沃德。我們六人從防區內各個不同的巡邏站調來新的情資中心，多數人的資歷都還不到五年。他帶我們去拿新的識別證，向我們示範如何使用免鑰匙的出入系統，並帶我們把辦公室逛了一圈。他開玩笑道：「這裡就像美國太空總署的司令部。」房間像個洞窟，沒有窗戶，充塞著地板通風口送進來的汙濁空氣聲響。一大堆的雙螢幕電腦工作檯環繞一面電視牆，播放著琳琅滿目的實況監視錄影帶、即時地圖，以及來自主要電視網的二十四小時直播新聞。

海沃德告訴我們：「這就是我們掌握一切動態的地方。你們都要負責持續記錄詳細的值勤日誌，並且每天彙整防區內的大事，交摘要給情報長。你們要接來自巡邏站的電話，也要緊盯電子郵件。你們要負責收發情報和安全須知，記錄檢查站和路障的開啟和關閉，監看大型暴風雨和火災之類的天災人禍，等等等等。

你們也知道原則上的大方向，我們的職責主要就是掌握巡邏站這個層級的重大事件——涉及探員的槍擊案、死屍、截獲大宗毒品、沒收武器、逮捕已知的幫派和毒販，諸如此類的。你們要應付警報員打來的電話，記下事發時間、GPS座標、牽涉其中的探員星級，並為每一起事件的經過寫個簡短的報告。剩下的就輕鬆了，大部分時間都沒什麼事，但在這裡進進出出的防區主管很多，要懂得裝忙，要把你們的靴子擦亮，制服燙得筆挺，也別忘了看好那些長官、女士的眼色。」

出了大樓，在讓大家提早解散前，海沃德向我們坦白：「針對幾位直接從現場調過來的弟兄，你們一開始可能會覺得內勤工作無聊到爆，我自己也是過來人。」海沃德說他比較喜歡跑現場，但他太太希望他們最終能回北維吉尼亞州。他說：「我老實告訴你們，我拚了命要從土桑防區出去。擔任主管對我來講是個好機會，有很多升遷的可能，搞不好有一天還能把我和太太弄到首都去。這就是我在這裡的原因，就這麼簡單。但對你們來講也是很好的機會，你們如果想別上高階長官的條槓，或想在情資單位謀個永久職，這裡是很好的跳板。更何況，你們以後是週休二日、一星期上五天班、一天上班八小時，還能住在市區。」另一位探員附和道：「而且有冷氣可吹。」海沃德說：「沒錯，什麼都比不上吹冷氣。」

***

每天情資中心的共用信箱都會收到一封緝毒局寄來的電子郵件，是關於美國和墨西哥近期的販毒活動，信中會附上來自兩國開源新聞媒體的照片和摘要內容。資料包括被肢解的人體照片，各部位或散落一地、或胡亂堆放、或藏了起來，又或者公然展示出來，像是舉行某種莊嚴的古老儀式。受害者的面容凍結在死亡的那一刻，死氣沉沉地從電腦螢幕上浮現，沒有身分、沒有來歷，脫離了它們一度占據的身體，也斷絕了曾經支撐它們的人際關係。

每封電郵皆以羅列重點的形式呈現，除了發生屠殺的地點和幾句簡短敘述之外，就沒有別的東西。在格雷羅州阿卡普爾科市（Acapulco）：一家卡拉ＯＫ

店門口一帶，發現了肢解成二十三塊的兩具屍體，砍下來的頭掛在紅絨繩上，剝下來的臉皮掛在紅絨柱上。塔毛利帕斯州（Tamaulipas）新拉雷多市（Nuevo Laredo）：四具殘缺不全的屍體，公然展示在車水馬龍的市中心，一旁有毒梟的留言——「這就是我犯賤告密的下場，但我發誓絕不再犯。」納亞里特州（Nayarit）特皮克市（Tepic）：兩具無名男屍，在街坊一間商店前遭到行刑式處決，陳屍原地，據報在他們的心臟被挖出來之前，兩人活生生遭到剝皮。墨西哥城：一所小學外面的貨車上，男性屍體坐在駕駛座，頭部砍下放在儀表板上。格雷羅州芝華塔尼歐市（Zihuatanejo）：兩具屍體棄置在高速公路附近，一旁有毒梟（*narco*）的留言——「垃圾處理完畢，請送更多過來。」

***

我夢見自己咬緊牙關，上下顎無法鬆開。我停不下來，只能咬得更用力、更用力，直到蓄積了擋也擋不住的壓力。接著，我的臼齒開始鬆動。一開始慢慢搖晃，後來就砰一聲裂開。

我夢見嘴裡有一塊剝落的牙齒碎片。把碎片捏在手裡時，我感覺到其他牙齒開始一片片剝落。我緊閉雙唇，想把牙齒留在嘴裡，但最後碎片多到我不得不張開嘴，把碎片吐到手裡，絕望地望著碎了滿手的牙齒。

我夢見自己左右磨著牙齒。從左到右、從右到左，磨過斑駁的牙面。我的牙齒漸漸卡住，緩緩碎裂。

我夢見每次閉上嘴巴，上排牙齒就會扣住下排牙齒。我小心翼翼地設法鬆開雙顎，一點一點慢慢把上下顎分開。但我的牙齒緊扣彼此，在互相拉扯、摩擦之下，喀啦喀啦地在我口中崩裂。

我夢見我的臼齒四分五裂，碎齒像硬邦邦的土塊，塞滿整個嘴裡。

我夢見自己在牙醫診所的大廳，咬牙切齒地懇求櫃檯人員讓我進診間。她給我一副護齒套，但戴了也沒用。一波又一波的壓力從牙齦湧出來，我的牙齒像是位在斷層線上，轟隆隆地搖晃、碎裂、崩毀。

我夢見自己沒在做夢，我是真的磨牙磨到滿口碎牙。我急著想阻止自己，迫切想求救。我在夢中想著，這是真的，跟其他的夢不一樣，這個夢是真的。

***

艾德．維利米（Ed Vulliamy）為了他的著作《美墨：國界沿線之戰》（*Amexica: War Along the Borderline*），和墨西哥提華納市（Tijuana）重案組的首席法醫逸朗．穆紐斯（Hiram Muñoz）進行了多次延伸訪談。穆紐斯醫生致力於解讀毒品戰爭屠殺現場的語言：「每個不同的肉體酷刑都帶有一則清楚的訊息，這些『肢體語言』已經變成一種民間傳統了。如果舌頭被割掉，就表示死者生前太多話——此人是個告密者或抓耙子（*chupro*）。出賣幫派的告密者手指會被剁掉、塞進他自己嘴裡……遭到去勢者……可能睡了或看了道上另一個男人的女人。斷手代表你竊取貨品，斷腳代表你意圖脫離組織。斬首示眾就完全是另一回事了。如同古時候的當眾處決，斬首示眾純粹是權力的宣示，意在殺雞儆猴。差別在於一般的命案中屍首會『消失不見』或丟在沙漠，斬首示眾則是處決並展示給大家看，此舉因而等於在向全民宣戰。」

***

為了看一位朋友推薦的心臟專科醫師，我母親特地來土桑待幾天。她告訴我這件事時，我很訝異地問她：「妳的心臟怎麼了？」她說：「沒什麼大礙，只是心悸而已。」她擠出一抹微弱的笑容。「我現在退休了，我的心臟好像就不知如何是好了。」

母親看完診後，我們一起煮了晚餐，坐在我家院子裡，看太陽落到覆蓋著熔岩的山頭後面。坐下來用餐時，母親告訴我：「在診所的候診室，我跟一個牧場的主人聊天，他的土地整個都在國界沿線，你不會相信他跟我說的故事。」我說：「哦？是嗎？要不要打個賭？」

她開始跟我說起這位牧場主人認識一位當地少年，這小子有一天開著名貴的新車去上學，地方上人人都覺得他一定是去販毒了。但這位牧場主人發現他每天放學後就去麥當勞，買滿滿好幾袋的漢堡。他把漢堡帶到偷渡客的據點或藏身處，然後以兩倍價格賣掉漢堡。牧場主人告訴母親，這小子每天都這麼幹，就這樣存到了買一輛新車的錢。

牧場主人說，以前他常接到有人要跟他買地當牧場的電話。他們是真的會買地，但不會用來當牧場，他們根本不懂怎麼養馬牧牛。他們要有一個地方當據點，用來在國界沿線找人手。他們住過來，歡迎其他人加入——這指的是有衝鋒槍、夜視護目鏡和防彈背心的人。牧場主人告訴母親，他很討厭跟這些人打交道。他憎恨他們，但他理解他們。

這位牧場主人承認，在國界邊上經營牧場很困難，他都數不清家裡有多少次被人闖入。偷渡客通常只拿水和食物，但有時也會拿走工具或其他能賣錢的東西。

牧場主人說：「邊境巡邏隊總是離得太遠，他們從來就幫不上忙。」母親說牧場主人這時情緒激動起來，他氣呼呼地告訴她：「政府的做法不人道，邊境巡邏隊不在國界擋住偷渡客，卻讓偷渡客越界到北邊再來追捕；偷渡客都跑到國界北邊三十哩、四十哩、五十哩或甚至更遠的地方去了。他們放任這些人在牧場上胡作非為，他們任由這些人死在沙漠上。」

母親瞇起眼睛看我。她問：「真的是這樣嗎？」我說：「這件事有點說來話長，姑且說這是一個始料未及的結果吧。」母親歪著頭，不敢置信地看著我。我瞪了回去，理智斷線地嗆她道：「不然妳想聽我說什麼？我們這些探員是故意要把人逼上絕路嗎？國界政策不是跑現場的探員定出來的。我們只是去自己被分配到的地方巡邏。」母親搖搖頭，彷彿我說的話很盲目或只是在狡辯。我別過頭，看到一排螞蟻順著椅腳爬上我的椅子。我說：「反正我再也不是現場探員了。」母親伸手摸摸我的手臂，說：「我很高興你不用再跑現場。對我來講，你的安全勝過一切。」我抬眼直視母親，她擠出一抹微弱的笑容。

母親又繼續說：「那位牧場主人告訴我，他三天兩頭就碰到有人在路邊攔車，想搭便車回墨西哥。他說他們會假裝受傷，或者躺在馬路中央，逼他把車停下來。只要他一停車，他們就爬上後座，賴在車上不走。他們會假裝聽不懂他說的話。他說那些人讓他很害怕，他們會惡狠狠地瞪他，有時他甚至認出他們臉上和手臂上的監獄紋身[13]。」母親搖搖頭說：「聽他說這些，我滿腦子想的都是你在沙漠上執勤，單槍匹馬對付他口中形容的那些人。」她看著我說：「我很高興你再也不跑現場了。我很高興你安全了。」

我的目光越過院子望出去，幽幽回道：「嗯，至少妳高興了。」母親歪著頭說：「喔，所以你不喜歡自己的新職位？」我聳聳肩說：「我不知道，人人都說這個調動很好。說起來也沒錯，在現場歷練幾年後調到情資中心是很明智，我可以對這一切有個全面的了解，但情資工作只是聽起來好聽罷了。」我望著遠處的火山剪影，最後說了句：「感覺像退下陣來了。」

13 譯註：此指囚犯在監獄中用簡陋的工具紋身，以特定的刺青圖案代表所屬幫派、個人出身、幫派理念之類的意涵。

***

挺過墨西哥境內的長途跋涉，又躲過美國這邊的追捕之後，偷渡客往往會被走私頭子送到所謂的「落腳所」（drop house），這些落腳所分布在美國西南部各城鎮的郊區。二〇〇九年，《華爾街日報》（Wall Street Journal）記者喬爾・米爾蒙（Joel Millman）引述了一份警方的調查報告，說在鳳凰城一處人口稀疏的街區，警方在一棟出租房屋的樓上，發現一個小房間裡塞了二十二個人。當地警探寫道：「我發現的人員全都只穿內褲，一個挨著一個，沿著牆壁排排站，衣櫃裡也站滿人。」他們「塞得密不透風，而且時間已經久到牆板上都有裸背壓出的凹痕。用迪士尼卡通人物貼紙裝飾的粉紅色牆壁上布滿汗漬。在一條短短的走道盡頭，有一個很小的洗衣間，貼有『辦公室』的字樣。根據被捕者對調查人員的說法，這些偷渡客在那裡遭到毒打。蛇頭命令他們提供在美親戚的電話號碼，然後打給這些親戚勒索贖金。」

米爾蒙的報導指出，光是在鳳凰城，主管機關於二〇〇七年就發現了一百九十四間落腳所，二〇〇八年則有一百六十九間。二〇〇九年，鳳凰城官方表示在前五個月即破獲了六十八間這樣的房子，從而捕獲一〇六九名非法移民。米爾蒙寫道，數量暴增的落腳所顯示了「人口販運業的轉變。二十年前，移工常在美墨邊界兩邊往來穿梭……如今，幫派組織掌握了人口販運這門勾當。」

根據美國和墨西哥警方的說法，幫派組織接掌人口販運的現象，有部分是「打擊非法移民始料未及的結果」。隨著偷渡的難度提高，蛇頭提高了走私費。而隨著走私的獲利越來越豐厚，毒梟就變本加厲將之納入他們區域經營的一環。每一波的國界執法行動，都再再提高了每一位準偷渡客可能帶來的收益。對走私集團來講，綁架客戶勒索贖金是獲得最大收益的捷徑。掌管美國移民及海關執法局（U.S. Immigration and Customs Enforcement）鳳凰城分局的資深探員馬修．艾倫（Matthew Allen）接受米爾蒙的訪問，對此下了個言簡意賅的註腳：「外來人士成了商品……想提高這種商品的價值，有個辦法就是用它來威脅恐嚇某個人。」

***

海沃德交代我整理一個毒品走私集團的報告，該集團活躍於美國西南部。我把姓名輸入到資料庫、蒐集犯罪前科、分析走私手法和偷渡模式，馬不停蹄忙了幾個星期。我看得到每一次有人被逮捕或拘留的紀錄，也看得到每一次有人被聯邦、州或地方主管機關判刑的紀錄。我看得到外來人士是搭車或徒步進入美國的；如果是搭車，我看得到車牌號碼、車籍資料，以及車上每一個人的姓名和出生年月日。針對特定的某個人，如果有人曾和他共用地址，不管是他的朋友、家人或同事等任何人，我都可以透過公共檔案去查出他們的名字。我可以取得結婚證書和死亡證明。我可以任意瀏覽各層執法機關對特定人、車或房屋發出的警示，這些警示讓我知道某個人是否有暴力傾向或不服管束、某棟房屋是否曾被用來藏匿毒品或非法移民、某輛車是否曾被抓到有武器或迷幻藥，又或某輛車是否曾經由海關人員、邊境巡邏探員或緝毒犬送去做進一步的檢驗。透過武器序號，我可以查出它是否曾被報失、報竊，或曾出現在某個犯罪現場。我可以叫出某個人用在駕照或州身分證上的照片。我可以凝視他們黯淡的臉龐，盯住他們像素化的眼眸。

***

二〇〇九年，茱莉・華特森（Julie Watson）為美聯社（The Associated Press）所撰的報導寫道：「堆在墨西哥邊境城市停屍間的屍體，訴說著毒品戰爭越演越烈的故事。」華特森提及一九九〇年代至二〇〇〇年代初，華雷斯城的停屍間是如何在無數女性遭到謀殺後加以翻新和擴建，使設備更現代化，如今更在來年要將規模擴大一倍。華特森寫道，該停屍間共有七位醫生，常常一週工作七天、一天工作十二小時。短短兩個月期間，就有四百六十多具屍體送來檢驗。為了完成工作，他們要做的有抽血、刮皮屑、鋸人骨，乃至於從無頭屍體上採集指紋。有些新來的醫生只做幾天就不幹了。其中一位告訴華特森，這工作讓他吃不下飯；

另一位則說為了熬過工作日，她必須訓練自己將死屍視為醫學證據，而不是當成人體來看待。儘管如此，這些醫生還是異口同聲表示，在一座謀職不易的城市裡，他們很慶幸有份差事可做。

死者家屬害怕認屍，也怕遭到報復，所以停屍間裡有五分之一的屍體都無人認領。有些家屬鼓起勇氣來到停屍間，結果只發現自己邁不出最後一步去指認死者，無法接受親人陳屍眼前的樣貌。於是，他們只是翻一翻收在箱子裡的遺物。家屬會承認，嗯，這是他的衣服，這些是他的私人物品。至於屍體，他們會說不是，那不是他，不可能是他。

提華納市立殯儀館的館長告訴華特森，他的員工們追不上屠殺的腳步，死者數量龐大到殯葬設施應付不來的地步。華特森寫道：「十二月放假期間，提華納市的棺材製造商進度落後，停屍間只得把兩百具屍體塞進兩個容量八十人的冰櫃裡。」在諸如提華納和華雷斯這樣的城市裡，暴力循環沒完沒了、緊緊相扣，毒梟常常突襲停屍間，收回受害者、同夥和幫派領袖的屍體。這些屍體從一個屍橫遍野之地運送到另一個屍橫遍野之地，永無止境地徘徊於人世間，永無止境地等待著入土為安的一刻。

＊＊＊

值大夜班時，我接到一通之前我派駐的巡邏站打來的電話，我立刻就認出電話那頭的聲音。我問：「柯爾嗎？」他回道：「靠！是你啊，情資大人，已經陷進大夜班的輪迴裡跑不掉了嗎？算你衰啦。」我笑了出來。柯爾切入正題：「話說，我打來是要通報一起大量傷病患事故。」我不禁脫口而出說：「該死。」他接著說：「是啊，真他媽該死。你坐在指揮中心軟綿綿的椅子上看電視吹冷氣時，這裡不知道死了多少濕背佬。」我說：「去你的。」柯爾冷笑道：「就是要讓你們日子不要過太爽，再怎麼說總得有人給你們這些區裡的要人一些屁活，不能讓你忘了我們這些小人物跑現場是什麼情形。」

柯爾接著告訴我，就在天黑前，他和他帶的訓練小組撞見一名半裸的男子，以胎兒的姿勢縮在沙地上。他喝自己的尿已經喝了四天，虛弱到幾乎沒辦法說話。但柯爾問出他是和他的兩名兄弟一起行動，柯爾又問他們在哪裡。男子說：「在我後面。」柯爾和一名受訓探員攙扶男子，搖搖晃晃地走到一條泥土路上，讓直升機把他送到最近的城市。進了醫院之後，男子足足打了六大袋點滴。醫生說他還不曾在活人身上看到壞得這麼徹底的腎臟。

夜色降臨，柯爾帶領探員分散開來，在沙漠上搜索男子的兩名兄弟。找了一小時後，他們從區總部叫來搜救小組。經過數小時的搜索，他們最後找到兩具相隔將近一哩的屍體，一個在一棵猙獰的牧豆樹下，另一個裸著上身躺在一道乾谷裡，腹部已經腫得快爆了，身旁還有一個徒手挖的坑洞。

掛上電話之後，我坐在那裡，望著眼前巨型螢幕上的監視畫面，想像著暴露在野外的那些屍體。我知道一定有人曝屍荒野，在乾谷裡的大樹下沒被發現，悄悄地、慢慢地歸於塵土。海沃德從辦公室後面走過來問我：「你怎麼了？」我嚇了一跳，回道：「沒什麼。」他扠著手站在一旁，等我再多透露一點。我聳聳肩，朝監視畫面點了點頭，說：「有時候，我覺得跑現場才是正經事。」海沃德望著夜視鏡頭下的沙漠景觀，回道：「嗯，從這裡看事情的角度確實不一樣。」他低頭看我，接著又說：「但說真的，你如果想了解外面是怎麼回事，從這裡看出去也會有幫助。」他伸手拍拍我的背。「好了，把報告寫給我吧。」語畢，他就轉身走回自己的電腦前。

兩小時後，柯爾又打來了。他說：「說出來你一定不相信，就在我們回巡邏站的路上，我帶的探員剛追下一車毒品。你們老大一定想聽聽這個消息——車上裝了足足一千八百磅的毒品。」我說：「好大一筆丟包啊！」柯爾笑道：「是很大啊，瞧你錯過了什麼。」我沉默了幾秒鐘，最後問道：「逮到人了嗎？」他說：「拜託，你也知道我的作風。嫌犯全跑了。」我嘆了口氣。柯爾繼續說：「聽著，我知道你們這些坐辦公桌的有多愛寫報告，但我還想準時下班回家。」我說：「好吧，所以那是很大的一筆走私丟包貨。」柯爾笑了出來：「可不是嘛！」

***

我夢見自己回到沙漠上，沿著一條偏遠的小徑追蹤足跡。我在一大片布滿岩石和乾涸、龜裂的灘地上執行任務，極目四望，我有一種自由了的感覺，很高興自己能再親近沙漠，被空曠的美景包圍。我聽到遠處傳來說話聲，於是循著聲音來到一大塊岩石邊緣。我從這裡望向一片乾谷，看到一群走私客圍成一圈低聲交談。我沒時間等待支援，決定單槍匹馬出擊。我大喝一聲企圖嚇倒他們，讓他們知道我的存在。我拔出槍來在空中一揮，雙臂伸直雙手握槍，把槍舉在我面前。我用西班牙語對他們大吼，要他們舉起雙手坐到地上，休想逃跑。那群人面無表情地看著我，一副無動於衷的模樣，唯獨眼神冰冷而凌厲。我用繩子打成手銬結，把他們的手腕綁在一起，形成一串人鏈。我叫他們排成一列縱隊，帶我到他們藏毒的地點。一行人沉默地走著，我不禁害怕起來，既怕他們會把我帶到陷阱裡，也怕他們隨時可能轉身攻擊我。我試著用手持無線電聯絡其他探員前來支援，並試著呼叫直升機，但都沒有得到回應。我設法掩飾自己的恐慌，跟著這群人穿過一片越來越深的礫原，最後來到一道岩壁高聳的箱型峽谷，谷裡堆著毒探和毒騾[14]留下的垃圾。岩壁上鑿了一個又一個洞，我看到一大堆的黑色木箱，在洞中層層堆疊。那群人告訴我：「這些就是我們的東西。」我把木箱從岩壁上拖下來打開，想要翻找走私貨和捆起來的包裹，但每一個木箱都是空的。我瞭望峽谷的岩壁，發現所有美景都已從大地上消失不見，只剩凶神惡煞包圍著我，只剩無臉人和空木箱在我身邊。我質問他們：「毒品在哪裡？」他們虛無飄渺的臉龐在黑暗中閃爍。「我們的毒品已經被你們抄了。」

＊＊＊

床頭櫃上的手機響起，把我從深沉的睡夢中驚醒。接起電話之後，我母親在電話那頭大嘆一句：「感謝老天。」我問：「怎麼了？」她深呼吸一口氣說：

---

14 譯註：毒探（cartel scout）為替毒梟探路、暫時守在定點通風報信者；毒騾（drug mule）則為替毒梟運毒者。

「我剛和朋友講完電話，他們告訴我，有個探員在槍戰中遭到射殺，而且新聞說那個探員名叫坎圖。不騙你，我的心臟都停了。」我安撫她道：「沒事，沒事，我很安全，我在家裡。」母親強自鎮定，結結巴巴地說：「我知道不可能是你，我一再跟他們強調，你現在做的是內勤工作。」我說：「當然，當然，我很好。」母親又說了一次：「感謝老天。」我告訴她：「還有另一位同事也叫坎圖，他負責媒體公關，可能是記者為了槍戰的事去採訪他——他是我們的新聞發言人。」她說：「喔，這樣啊，原來如此。」我慢慢回過神來，這才一骨碌從床上坐起身說：「不是吧，有探員死了？」

到情資中心上班時，我發現裡面滿是穿著制服的探員和高階長官。海沃德過來門口這裡，領著我走了出去。他說：「我來告訴你怎麼回事。」我們走到停車場，兩人舉手擋住陽光站著談話。他問：「我假設你已經聽說了？」我說：「是的，長官，只聽說了記者報導的那些內容。」海沃德又問：「你認識殉職的那位探員嗎？」我答道：「不認識，長官。」

海沃德告訴我，那位探員是一支小型機動部隊的成員，他們部署在土桑市南邊的一道峽谷，負責監視走私活動。入夜之後，這些探員和一幫歹徒兩相交火，其中一名探員中槍，其他探員束手無策。在醫療救護隊抵達之前，他就斷氣了。我垂著頭聽海沃德說話，腦海瞬間閃過峽谷裡的情景——槍聲打破了寧靜的夜晚，星斗在夜空閃爍，那位探員漸漸沒了氣息。海沃德告訴我，現場的其他探員抓了四名歹徒，其中一人受了槍傷，現在人在醫院，另外三人被拘留。還有一名歹徒跑了，射死探員的凶手可能就是他。海沃德說：「聽著，現在整個沙漠上有一大票的現場探員，他們從艾爾帕索派出國民衛隊、情報小組和機動部隊，土桑防區的所有巡邏站都派了探員支援。他們甚至派出無人機和一駕天殺的黑鷹直升機。」

海沃德繼續說：「事情是這樣的，我要你全力以赴、好好表現，防區長官們都瘋了，我安排了老手以最快速度分工合作。」我問：「我要負責什麼？」他說：「我要你和其他情報員一起，針對這些歹徒弄一個專門檔案，寫一份你這輩子最好的報告。」他拍拍我的背，開始和我一起朝門口走回去，邊走邊說：「我要知道這些歹徒的一切。我要知道他們每一次偷渡、每一次被逮的紀錄。我要你起底親疏遠近每一個和他們有關係的人——姓名、地址、前科，看你挖到什麼是什麼。我要知道這裡面誰是人渣敗類、誰單純只是POW。」我歪著頭問：「長官，POW是指……？」他答：「你知道的，就是普通的濕背佬（“P”lain “O”ld “W”et）。」

***

我的表哥打電話來，說我的姨婆法蘭西絲在睡夢中辭世了，就在她一百零二歲大壽過後兩週。我打電話給母親，告訴她說：「他們在聖地牙哥舉行告別式，妳能去嗎？」母親說：「以我心臟目前的狀況，我去不了。你呢？」我想了想，最後決定道：「好，我會開車過去。」她說：「那好，你就代表我們倆去吧。」

告別式前一晚，我們訂了披薩要給全家族吃，我和我的一票表親在停車場，邊喝啤酒邊等披薩送到。我們聊著我的姨婆法蘭西絲，聊著我的外祖父和他的兄弟姊妹，也聊著他們的母親和父親。其中一位表哥說：「法蘭西絲是個重口味的人，每天喝一杯加拿大俱樂部威士忌（Canadian Club whiskey）、啃一根墨西哥生辣椒，直到臨終為止。」另一位表哥笑說：「她老愛說我們和斐迪南國王（King Ferdinand）有關係。」我附和道：「她在我本人的受洗典禮上臭罵我老媽，因為我媽當眾宣稱她以身為墨西哥人為豪。典禮過後，法蘭西絲把她拉到一旁，訓斥她說：『我們是西班牙人！』」一眾表親和我都笑了。我說：「我們世世代代在墨西哥都四百年了，她還是對歐洲念念不忘。」

法蘭西絲的女兒狂飲一大口啤酒，問我：「你知道龐丘・比利亞（Pancho Villa）的故事吧？」我說我不知道，她瞪大了眼睛說：「那……你知道在法蘭西絲小時候，我們家族是怎麼離開墨西哥的吧？」我說：「當然。」她對我挑了挑眉毛，繼續說道：「那是墨西哥革命正當頭，你外祖父才幾歲大，甚至比法蘭西絲還小。你知道，他是一九一〇年生的，剛好是戰爭爆發時。總之，照法蘭西絲的說法，龐丘．比利亞的軍隊在鄉間東征西討，向各地的地主開戰。我們家族的祖先聽說他要從新萊昂州（Nuevo León）打到蒙特雷（Monterrey），就趁著深夜跳上一列貨運火車，奔向美墨邊界。法蘭西絲說，清晨天亮了，他們看見火車行經的樹木上掛著屍體。」我說：「少唬我。」她回嘴道：「我沒唬爛，法蘭西絲就是這麼說的。」我想了一想，最後說：「外公從沒提起過。」法蘭西絲的女兒輕輕點頭道：「那時他還只是個小男孩。」

第二天，我和一眾親戚去法蘭西絲安息的陵墓。法蘭西絲的女兒站在她母親的墓碑前，對著牆上的墓碑訴說她的愛與頑強、她對家庭不屈不撓的奉獻，以及她堅守傳統的精神。她說完之後，我走上前去對她說：「墓碑上寫的姓氏是坎圖，而不是亞伯拉罕。」她微微一笑說：「對，這是依她生前的遺願，她對自己的夫姓已經沒有感情了。」

我的表姨繼續說：「真有趣，你知道你是家族裡唯一還留著這個姓氏的人嗎？你外公有五個兄弟姊妹，但莫名其妙就變成只有你繼承他的姓氏。」我笑了笑說：「我甚至不該有這個姓氏，一切只因為我母親不想改從夫姓。」我表姨笑道：「是啊，你母親固執得很，就跟法蘭西絲一樣。」我告訴她：「妳知道嗎？本來還有一條短槓。」她問：「什麼意思？」我說：「本來應該是坎圖—西門斯（Cantú-Simmons），綜合父母雙方的姓氏。生下我之後，我母親還不確定要叫我什麼名字。他們考慮過約書亞，也考慮過泰勒，所以在出院之前，當他們必須在出生證明上寫個名字時，上頭寫的是約書亞．泰勒．坎圖—西門斯（Joshua Tyler Cantú-Simmons）。」我表姨哈哈大笑道：「這也太不像拉丁裔的名字了。」

「我媽帶我回家幾星期後，她才開始叫我帕可（Paco），這是她最愛的一位聖人聖方濟的西班牙文暱稱[15]。很快地，其他名字都不再受到青睞。到我父母分手後，那條短槓也不存在了。」

15 譯註：據民間傳說，聖方濟的名字在拉丁文中寫成Pater Communitatis（意指社群之父），故而從這兩個字當中分別取字首的Pa和Co，合成暱稱Paco。

我表姨微笑道：「感謝老天賜我們聖方濟，讓你擺脫了那個糟糕的名字。」我點點頭說：「否則我就不會是同一個人了。」我們邁步朝其他親戚走去，表姨伸手環住我的肩膀說：「是啊，名字就是一切。」

每個人都向法蘭西絲致意過後，我們一大家子穿越馬路，走到對面一座更老的陵墓，裡面存放著我外祖父和外曾祖父母的骨灰。我打電話給我母親，問她有沒有話想對她父親說。她說：「你代替我跟他說說話就好。」

在陵墓最底層，我的表親們指著裝飾華麗的牆面，牆上刻有我們祖先的名字：安納斯塔西歐・坎圖・葛薩（Anastasio Cantú Garza）和瑪莉亞・德・卡薩朵・坎圖（María del Calzado Cantú）。到了樓上，我們在一條長長的甬道盡頭找到我外祖父的墓碑，他在從底下數上來的第三排，和一扇敞開的窗戶隔著四塊墓碑。窗戶俯瞰一片毗臨的墓地，明亮的陽光從窗口流瀉進來，整條甬道都沐浴在暖融融的光線中，我很詫異看到這一片光明溫暖的景象。我來過這裡一次，當時我還小，來出席我外祖父的葬禮，隱約只記得一條寬敞、昏暗的甬道，一縷縷幽魂困在甬道兩旁的牆壁上。

我在窗前停步，法蘭西絲的女兒跟了上來。她伸手越過我的肩頭，指著窗外說：「你看到了嗎？在這些樹木和這座城市的另一頭，是提華納市的山丘。」

我等著那些表親向祖先致意完畢，然後穿過甬道走下樓梯。只剩我一個人時，我轉身面對墓碑上外祖父的名字，海克特．路易斯．坎圖（Hector Luis Cantú）。我轉頭眺望提華納市的山丘，心裡複誦著他的名字。最後，我出聲說：「外公，你可以從這裡看到墨西哥。」

＊＊＊

在法蘭克．麥可林（Frank McLynn）對墨西哥革命的記述中，他寫到這場衝突在一九一六年至一九一七年間慢慢平息：「歷經六年不曾片刻稍停的戰火摧殘……鄉間成了荒原，鐵軌扭曲變形，建築只剩空殼，橋樑焚斷，工廠炸毀，馬屍處處，人屍遍野，到處是臨時的集體墳場。就連在炙熱的沙漠上，大地受到的蹂躪也難以盡述……城鎮一片蕭條，民生凋敝，滿街瘸腿或沒手沒腳的人、慘遭截肢的退役士兵，以及身負重傷需要住院的傷患。」麥可林形容墨西哥北部的國土就是「一座巨型納骨塔」。

在墨西哥有一條鐵則，那就是這個國家每隔百年必定歷經一場戰火輪迴。脫離西班牙的獨立戰爭於一八一〇年點燃戰火，恰恰就在掀起血腥革命對抗波費里奧・迪亞斯（Porfirio Díaz）獨裁政權的一百年前。獨立戰爭的死亡人數估計為四十萬至六十萬人，墨西哥革命的死亡人數則據稱介於五十萬至兩百萬人之間。時隔一百年之後，費利佩・卡德隆（Felipe Calderón）甫贏得二〇〇六年墨西哥史上勝選票數最接近的總統選舉，新官上任兩週後旋即對毒梟宣戰，如今歷史學家、記者和政策制定者都難以估算這場提前爆發的毒品戰爭犧牲了多少人。

卡德隆選前承諾「掃蕩街頭」，到他的六年任期結束時，官方統計這段期間發生了超過十萬件的凶殺案。毒品戰爭死亡人數暴增，為了淡化問題的嚴重性，他聲稱絕大多數死者皆與該國毒梟有所牽連，甚至一度聲稱九成死者皆為罪犯。然而學界人士，像是專攻邊境治安的新墨西哥州立大學（New Mexico State University）圖書館研究員兼教授莫莉．莫洛伊（Molly Molloy）則主張：「當卡德隆總統或其他政府發言人說九成死者皆為罪犯時，其實也是因為實際狀況只有不到百分之五的犯罪案件受到調查。你只要讀一下每天的凶案報導……就會看到絕大多數的受害者只是普通老百姓，其中窮人又占了大半：幼童、青少年、老人、拒受敲詐的小本生意人、技工、公車司機、捲餅攤的老闆娘、十字路口的雜耍小丑、賣報紙的小童……還有許許多多在毒品勒戒所遭到屠殺的人。」

二〇一四年，墨西哥政府發布新的官方數據，承認自二〇〇七年以來累計發生逾十六萬四千起的凶殺案，莫洛伊等研究者旋即提醒大眾，這樣的數據「可能只計入確實死亡人數這樣的最小值」，並未將失蹤人口計算在內，而光是在二〇一二年，這樣的人口就有超過兩萬五千人。當然，官方數據也並未納入高比率被綁架和敲詐的受害者。

這些數據也不包括那些逃離治安敗壞的原生地、在偷渡到美國途中失蹤或喪命的人口。二〇一七年，曼尼．費南迪茲（Manny Fernandez）在《紐約時報》（The New York Times）的報導提到，從二〇〇〇年到二〇一六年的十六年間，邊境巡邏隊記錄了超過六千名的死亡人次。光是在亞利桑那州的皮馬縣（Pima County），就發現兩千多名偷渡客的遺體。德州一個偏鄉小縣的警長告訴費南迪茲：「我們每發現一名死者，就代表可能另有五名失蹤者。」即使整體偷渡人數降到新低點，在幾個最致命的縣境內，偷渡客的死亡率仍保持不變，甚至有增無減。國界沿線各地的驗屍官、縣法醫、州立大學的法醫人類學家，乃至於非營利組織，無不苦於鑑識成千上萬的遺體。一名鑑識專家對費南迪茲說：「沒人應該淪為一個數字而已，重點在於辨認出他們是誰，還他們一個名字。」

當然，我們很難具體想像這些數據代表的意義。無論是偷渡客死亡人數、毒品戰爭中遭到殺害的人數，或墨西哥革命、獨立戰爭的死亡人數，冰冷的數字難以訴說暴力是如何撕裂和撼動整個社會，又如何在百姓的生活和心靈中激起波瀾。

***

在情資中心漫長的值班時間中，我花了數小時之久，埋首於網路上的黑暗角落，瀏覽綁架和毒梟大屠殺、斬首和肢解，以及被丟在落腳所的屍體。在墨西哥的一個新聞網站上，我讀到在塔毛利帕斯州聖費爾南多鎮（San Fernando）近郊，發現了七十二具屍體——五十八名男性和十四名女性身體扭曲疊在一起，眼睛蒙住，手綁起來，靠著一座穀倉的水泥磚牆堆放。這場屠殺唯一的倖存者是一名十八歲的厄瓜多青年，頸部受了槍傷之後，他裝死藏在同伴們的屍體下面，最後奇蹟似地從毒梟占用的農場脫逃。在超乎想像的恐懼煎熬下，他逃了十哩之遠，穿過包圍聖費爾南多鎮的沿海旱原，最後來到一處軍方檢查哨，向駐守的士兵通報。軍方繼而對那座農場發動猛烈攻擊，並在兩方交火過後發現了那些屍體。後來經過確認，這些死者是來自巴西、厄瓜多、薩爾瓦多和宏都拉斯的偷渡客。他們穿越搖搖欲墜的墨西哥合眾國一路北上，卻在途中長眠。讀到這則新聞，我不禁雙手抱頭伏在電腦鍵盤上，手握拳頭扯著自己的頭髮。我感覺眼前的螢幕彷彿在吱吱作響，彷彿這整個房間都在漸漸淡出，直到最後我聽見有人叫我的名字。「坎圖！」海沃德的聲音從辦公室另一頭傳來，瞬間把我驚醒。

***

亞利桑那大學（Arizona University）的文化社會學家珍・澤葳斯卡（Jane Zavisca）詳盡研究了眾多邊境報刊的新聞報導，看完十年份的資料後，她整理出撰寫偷渡客喪命新聞的記者們最常用的詞彙。

其中尤以經濟詞彙為主，報導中常以「代價」、「計算」或「賭博」等字眼描述偷渡客死亡事件。死亡是他們付出的代價、是沙漠向他們徵收的通行費。死亡是「將可衡量和計算的風險及結果，進行損益分析之後」可預見的下場。死亡是一場賭命遊戲中最大的風險，是手氣不好的不幸結果。澤葳斯卡寫道，諸如此類的比喻「將死亡寫成是自然而然、可以想見的結果，」並且「暗示這些偷渡客要對自己的死負起某些責任。」

第二大類是暴力詞彙。記者將死亡寫成憤怒的沙漠對人類的復仇與懲罰，或國界沿線戰火下的災禍。在諸如此類的敘述中，死亡被歸咎於嚴峻的天候、致命的移民政策，以及執法力度不足，無以阻止移民大軍入侵。

「去人化」詞彙是澤葳斯卡整理出的第三大類。在這類詞彙中，記者將偷渡客刻劃成動物，他們是被獵捕的對象，是受到走私販、執法探員和激進武裝分子迫害的獵物。待遇優渥的光明前景是「誘餌」，將偷渡客引誘到邊界，從而引來了邊境巡邏隊的「獵手」，加入這場死路一條的「貓捉老鼠遊戲」。澤葳斯卡寫道：「另一個相關的比喻，則是將執法探員寫成人性化的牧羊犬，偷渡客是受他們照看的羊群。」這種比喻「在賦予邊境巡邏隊人性、將之刻劃成『拯救者』的同時，也將偷渡客給『去人化』了。」以牲畜相關的修辭而言，在墨西哥有一個廣為流傳的隱喻，就是把偷渡客比喻成雞隻、把走私販比喻成雞農——雞隻（*pollo*）任由牠們的雞農（*pollero*）擺布。

在另一個修辭的子類別裡，偷渡客被形容為「危及國家的洪水……而國家象徵我們的家園。」執法單位的存在，代表為了止住龐大移民潮所做的努力。國界則是一道水壩，用來阻擋和封鎖高漲的潮水。與此對應，死亡的代價是「一波『大浪』，屍體是移民『洪流』的一部分，淹沒邊境巡邏隊的探員和法醫。」走筆至此，澤葳斯卡引用了加州大學洛杉磯分校（University of California, Los Angeles）社會語言學家奧圖．聖塔．阿納（Otto Santa Ana）的著作，阿納主張就本體論而言，諸如此類的修辭將偷渡客去人化，以「一個沒有區別的群體」來呈現他們。

***

晚班剛開始，海沃德就告訴我們，艾爾帕索邊境巡邏戰術總部有個指揮官的職缺，他錄取了。他得意洋洋地笑著說：「雖然不是維吉尼亞州，但朝那裡靠近了兩州。過個兩年，我就穩坐華盛頓哥倫比亞特區的位子了。」

兩星期後，海沃德在情資中心的最後一天，他把我拉到一旁，問道：「你去過艾爾帕索嗎？」我說：「當然，我媽以前就在艾爾帕索東邊的國家公園當巡山員。」他說：「靠！那你算得上當地人了嘛，你覺得住在那裡怎麼樣？」

那座城市閃爍的燈火浮現腦海，我回憶起點點燈火是如何一路穿過國界，串成一座兀自脈動著的大都會。我也想起跨越了河的那頭，槍擊以及女性遭到殺害的新聞事件，還有華雷斯城屍滿為患的停屍間。我想起母親在坑坑疤疤的馬路上跌了一跤，有個路人扶她起來，叫我們把那裡當成自己家一樣。

海沃德說：「我就直說了，那邊的情報小組在招募探員，他們要的就是像你這樣的人才——能說一口流利的西班牙語，有現場和情資方面的經驗。到了那裡，你會是我的直屬下屬，支援總部的戰術工作。意思是你會被派去整個西南部邊境，進行各式各樣的情報任務。」他看看我的表情，衡量一下我的反應，接著囑咐道：「一切還未成定局，幫忙延攬人才的不止我一個，但我可以為你美言幾句，你有大好的機會錄取。」我低頭看看地毯，感受從地面通風口湧上來的空氣。海沃德補充道：「這個調動搬遷是可領薪的，而且你可以回去跑現場。」

***

剛過午後不久，我坐在工作檯前，百無聊賴地抬起頭來，目光越過面前的雙螢幕，落在房間前方電視牆其中一個監視畫面上，一隻雄偉的草原隼映入眼簾。在亞利桑那州東部的滾滾草原某處，這隻大鳥停在一座遙遠的監控塔上，兩眼還直視監視器的鏡頭，目光彷彿一路穿透過來，望進我這間亮著日光燈、空氣不流通的辦公室。我從椅子上站起身，走上前去迎視那隻鳥探詢的目光。

你這懦夫為什麼從沙漠逃走？為什麼不回到炙熱的國境邊緣？為什麼不去平息在你腦海悄悄翻騰的混亂思緒？

我朝螢幕靠近幾步，像是要去碰觸那隻鳥。我想悄聲對牠坦白，我不敢再靠得更近，我怕我會變得對暴力無動於衷。

***

海沃德身穿POLO衫搭配衝鋒褲，在艾爾帕索的總部迎接我。我問：「不用穿制服嗎？」他答：「是啊，我們這裡過的是好日子。」我跟著他穿過停車場，在心裡一一記下他指給我看的各棟建築——彈藥庫、裝備庫、重訓室。我尾隨他爬上一段階梯，來到一棟組合屋前，屋外有一臺嗡嗡作響的巨型冷氣機。他朝相鄰的建築比了比說：「那邊就是管理部，所有的大頭都在那裡。」他壓低了嗓音，悄聲說：「相信我，你絕對不想到那裡去。」

我跟著海沃德進門和他一起朝建築的後棟走去。我們經過一個小茶水間、一間排列著地形圖的會議室，最後來到一個小型辦公空間，裡面有兩名便衣探員面對彼此，坐在雙螢幕的工作檯前。海沃德對這兩人點點頭，他們雙雙從椅子上站起來。海沃德微笑道：「他們就是你的新組員，這兩位是奇卡鎮[16]本地人。」他先指了指較為年長的那位探員，介紹道：「這位是曼紐爾。」曼紐爾伸出手來，

16 譯註：奇卡鎮（Chuco Town）為艾爾帕索的俗稱。

和我握了握手。海沃德繼續說：「他是我們在線民溝通、無線電竊聽、訊號三角定位、地理定位……等各方面的專家。無庸置疑，他懂的比我這輩子能學會的還多，你可以把他想成我們這一組的老爹。」曼紐爾對我笑了笑說：「沒錯，孩子，我就跟你爸爸一樣（*mijo, soy como tu papá*）。」海沃德比了比另一名組員，頓了一下才說：「這位是貝托，嗯……我還在想他到底有什麼長處。」貝托舉雙手投降道：「老闆，別這麼毒舌（*no seas malo*）。」海沃德笑道：「開玩笑的，貝托是我們的裝備大師，我們每一輛車上的訊號接收器都是他裝的，他還把露營拖車打造成我們的機動指揮中心，而且他聲稱把我們的越野沙灘車改造得更『酷炫』了——無論那是什麼意思。」

貝托和曼紐爾站在那裡乾笑，和我面面相覷了一會兒，然後對海沃德使了個眼色。海沃德才說：「喔，我差點忘了，」他一手按在我的背上，看著他們說：「我們這位坎圖還是個小嫩嫩，但他什麼狗屁倒灶的東西都挖得出來。任何你想得到的資料，反正他都查得到，而且他寫得一手好報告。」貝托說：「太好了（*qué bien*），我不太會說英語（*yo no hablo mucho English*）。」海沃德翻了個白眼說：「真好笑。」他再環顧我們三人一次，問道：「我還有沒有漏掉什麼？」曼紐爾坐回他的椅子上，看著我問：「年輕人，你是哪裡人？」我說：「亞利桑那。」貝托眼神一亮，插嘴問道：「嘿！老兄，你找到住的地方沒？」我說我還在找。他又問：「那你結婚沒？有小孩沒？」我搖搖頭。貝托傾身向前，彈了彈手指說：「我家後院有個小屋，就像一戶單房公寓，我一直想把它租出去，給你這種單身漢住剛剛好。」他從辦公桌上抓來一枝筆，又從筆記本上撕下一張紙，邊寫邊說：「老兄，這是我的號碼，打給我，我們再聊。」曼紐爾吹了聲口哨說：「去你的，貝托，動作真快。」海沃德示意要我跟他走出辦公室，他丟下一句：「好了，各位，就先聊到這裡吧。」

海沃德陪我走去牽車，並交給我一疊文件，囑咐我道：「這些星期一要填好交給人資，你提早一小時來上班，我帶你去倉庫領一套新的裝備。」我接過那疊文件，望向遠方的富蘭克林山（Franklin Mountains），告訴海沃德說：「我很高興調來這裡。」他回道：「很好，我很高興有你當我的左右手。但聽著，我要你立刻上軌道。兩星期後，我們就要到新墨西哥州的洛茲堡（Lordsburg）進行第一個任務。」我說：「我會準備好。」

***

在《安蒂岡妮．岡薩雷茲》（*Antígona González*）這本著作中，墨西哥詩人莎拉．烏依比（Sara Uribe）以現代墨西哥為場景，重新刻劃希臘悲劇安蒂岡妮（Antigone）的故事。英譯本的譯者約翰．普魯艾克（John Pluecker）在一條譯註中寫到，在索福克里斯（Sophocles）的原版劇作裡，「安蒂岡妮受不了克里昂（Creon）下令任其兄長曝屍荒野。而在烏依比的版本中，安蒂岡妮．岡薩雷茲則根本沒有一具屍體可茲憑弔、可供埋葬。」普魯艾克解釋，烏依比的長篇紀錄詩呼應當前不斷有人口失蹤的現象，她的詩作實際上「將許多文本融為一體」，直接引用了學術文本、哲學文本、部落格貼文、犯罪案件新聞報導的語句，以及墨西哥記者們蒐集來的證詞。

在烏依比的長詩中，安蒂岡妮．岡薩雷茲遍尋不著失蹤兄長的遺體。尋尋覓覓間，她與所有受失蹤之苦的人同情共感：「日復一日，我們的把握隨著日子溜走。」對抗一份殘缺不全而沒有止境的喪親之痛，「有些人尋尋覓覓，拒絕被迫保持沉默；有些人尋尋覓覓，是為了與自己的不幸正面對決。」罹難者親屬如朝聖者般來到屠殺現場，來到他們或許能與無名屍相認的地方，安蒂岡妮．岡薩雷茲想像著他們發出了宣言：

我來聖費爾南多找尋吾兄。
我來聖費爾南多找尋吾父。
我來聖費爾南多找尋吾夫。
我來聖費爾南多找尋吾兒。
我和其他人一起，來找吾等同胞的屍身。

安蒂岡妮．岡薩雷茲質問道：「沒名沒姓沒有過去的屍身算什麼？……沒頭沒尾無影無蹤……失落的屍身算什麼？」

***

我們在傍晚抵達洛茲堡，並於旅館辦理入住。海沃德交給貝托和我一套房卡，解釋說我們要共用一間房。他歪嘴笑道：「預算有限。」貝托哀號了一聲。海沃德說：「好了，現在你們倆真的是室友了，對吧？」他啪一聲拍一下貝托的背，又說：「你們倆本來就住得很近，天天隔著院子看彼此洗澡，所以住同一間也沒差。」貝托搖搖頭，曼紐爾笑嘻嘻地說：「算你狠啊，老闆。」

日落之際，我們開著車子，穿過火車鐵軌，來到一家墨西哥餐廳。在一排廢棄的店鋪中，這是唯一仍有營業的一家。一身制服的我們到了餐廳裡面，在門口附近的桌子坐下，周遭紛紛投來斜眼瞥視的目光。女服務生將菜單遞給我們時，店內陷入一陣長長的沉默。點餐之後，我們彼此輕聲交談，直到有對年邁夫妻在走出門時經過我們這桌，兩人雙雙停下腳步。老先生對海沃德頷首道：「謝謝你們幾位男士對社會的貢獻。」他太太在一旁微笑道：「注意安全，保護好自己。」我們異口同聲說：「謝謝你們。」

我們用餐時，曼紐爾指了指一個站在餐廳門口附近的小男孩。他兩眼圓睜、嘴闔不攏地盯著我們瞧。他母親趕了過來，拉拉他的手臂，彎身以西班牙語對他悄聲說：「我們走吧。」但男孩還是愣在那裡，直盯著我們的槍和襯衫上繡的臂章。他母親抬起頭來，一邊推他走，一邊抱歉地解釋道：「他長大想當警察。」

翌晨，我很早就起床出門，沿著火車鐵軌朝東邊的旭日跑去。跑步時，我感覺自己渾身充滿力量。在遼闊的天空之下，我覺得通體舒暢。後來，我和曼紐爾、貝托同坐一車，駛過冬日裡新墨西哥州鞋跟處[17]的草原和旱湖。坐辦公桌坐了一年多，重回現場幾乎令我頭暈目眩。行駛時，車上三人默默不語，凝神諦聽

17 譯註：此指美國新墨西哥州西南部與墨西哥緊鄰的地帶，此處輪廓狀似新墨西哥州的鞋跟。

電波探測設備不時發出的聲響。我們在偵測毒探用的無線電祕密頻道，頻率接近時，破碎的聲音開始透過我們的設備傳來。我在後座仔細研究地形圖，想找一個能讓我們位於制高點的山頭或高處，好將地面一覽無遺，並偵測像我們這樣有標誌的執法車輛的動向。

當晚回到旅館房間後，一幕又一幕的畫面在我睡夢中閃過。我夢見一座四處散落著碎屍的洞窟、一片沒有色彩和光亮的大地。我夢見一隻在黑暗中繞行的狼，牠將腳掌沉沉地壓在我胸口，牠的鼻息熱呼呼地撲上我的臉。

我被貝托的鼾聲吵醒，在手機發出的微弱光線下，我摸索了一陣，找到我的筆記本。我帶著筆記本，把自己關在浴室，打開燈坐在馬桶上，伴著嗡嗡響的通風扇，倉促寫下所有我還記得的夢境細節。寫完之後，我望著鏡子半晌，想認清自己是誰。

***

早上，我比較晚到旅館大廳的用餐區，海沃德他們已經在吃早餐了。我拿著一碗穀片和一杯桃子優格坐下時，大家都對我視若無睹，沒人跟我道早安。最後，曼紐爾從他面前那盤稀稀的炒蛋上抬起頭來，對我說：「聽著，老弟，貝托說你半夜躲在浴室打手槍。」全桌安靜了幾秒，接著貝托和海沃德就狂笑不止。我看著曼紐爾說：「可惡，我盡量小聲了欸。」說完，我看著貝托，鄭重地鞠了個躬說：「對不起啊，兄弟，我只是不想讓你知道我在跟你媽搞電話性愛。」貝托捶我肩膀一拳，另外兩人笑彎了腰。貝托說：「少扯上我，你這種黃毛小子不是我媽的菜。」海沃德往椅背上一靠，說：「操，你們真的很搞笑。」他從桌旁站起來，調整一下勤務腰帶。貝托上下打量他道：「靠，老闆，靴子擦得還真亮。」海沃德說：「沒錯，我今天要到洛茲堡巡邏站跟長官開會，你不會以為我穿成你們這副德性能當上老闆吧？」他把他的椅子推到餐桌底下，丟下一句：「晚上見囉，老弟。」

往南朝國界駛去的路上，我把頭靠在車窗上，望著寬闊的河谷和蓊鬱的山林尋求慰藉，想把紛擾的思緒都拋諸腦後。我意識到自己在這片景色中找尋著徵兆與線索，心想或許能夠為自己那些痛苦煎熬的噩夢做出解釋。我知道狼群曾在這些深山幽谷間自在漫遊，直到牠們被視為威脅而慘遭撲殺。我也知道人類試圖將狼群重新野放，一小群由人類悉心養大的狼，重新放回受到嚴密監視的野外棲地，慢慢地再次生活在一度歸牠們所有的領地裡。

貝托的手機響起，把望著窗外出神的我驚醒。我聽到他說：「冷靜點，媽，我聽不到妳在說什麼。」他轉頭問曼紐爾能不能把車停到路邊。車子停妥之後，他打開副駕駛座的車門，走進路邊的草叢，把手機貼緊耳朵。我看著他來回踱步，直到通話結束。最後，他把手機放進口袋，望著及膝的雜草發愣。

我們沿著一條寬敞的泥土路，繼續往南駛過阿尼瑪斯谷（Animas Valley），曼紐爾突然緊急煞車。我問：「怎麼了？」貝托噓聲制止我，伸手指指路面。就在離我們噗噗作響的車輛僅僅五碼的地方，一隻羚羊站在那裡，隔著擋風玻璃望過來，亮晶晶的大眼睛打量著我們，彷彿我們是一幫跑錯地方的幽魂。在副駕駛座的車窗外，另一隻羚羊在路邊發抖，怕得不敢跟上牠的夥伴。後來，我們開上潘侖希羅山（Peloncillo mountains），駛入山上的松樹、橡樹森林之中，又撞見一群三十隻強壯的浣熊。牠們聚在我們前方路上，無視於我們的存在，只顧以尖尖的鼻子嗅聞泥土，圓滾滾的肚皮低垂在地，尾巴高舉在半空中。

我們在潘侖希羅山一處深山裡的廢棄營地停下車，吃我們的袋裝午餐。貝托和我隔著一張野餐桌，面對彼此而坐，曼紐爾則待在車上聽電波偵測。我問貝托：「沒什麼事吧？」他把他的三明治往桌上一放，說：「是我表哥，他昨晚在華雷斯死了，我媽剛得到消息，她還不清楚是怎麼回事。」我們默默啃著三明治，接著貝托自顧自笑了起來，開始告訴我一些往事。他說，他們還不到可以喝酒的年紀，他就和表哥一起越過國界，跑去華雷斯狂歡。他說起在艾爾帕索的轟趴，說他們在市區邊緣的沙漠地喝酒，說他們終於年滿二十一歲時，兩人是怎麼在夜店和酒吧泡妞。他越說越小聲，最後搖了搖頭。我隨著他的目光，看到一隻紅色的鳥在一棵橡樹的枝椏間拍著翅膀。貝托說：「太詭異了，這些動物……」

他停下來想了一下又說：「你知道嗎？昨天我在路邊撒尿時，一隻黑色的蝴蝶飛到我面前——好大一隻。我一直止不住想著牠。」貝托像是怕我覺得他很迷信似的，有點不好意思地說：「幾年前，就在我祖母過世前一天，我在德州西部的沙漠，也看到一隻一樣的黑蝴蝶，從草地上飛過去。」

***

晚上值勤結束，海沃德開車載我們上山。隨著車子往上爬，我們可以看到公路兩旁出現一攤攤白雪。我們開進鎮上，停在老戲院旁邊，直接走到最近的酒吧——一個店名叫作水牛的地方。點好餐後，我投了一把二十五分硬幣到點唱機裡。第一首是馬提．羅賓斯（Marty Robbins）的〈艾爾帕索〉（El Paso），旋律響起時，貝托看著我敞開了笑容，歡呼了一聲「喔耶」（*grito*）。

第一杯啤酒喝完，我和曼紐爾頂著寒夜走去附近的加油站買菸。回程路上，我們在一座橋上停下腳步，橋下是一條很深的小溪。我們對著夜空邊吐煙邊聊天。曼紐爾告訴我：「我老婆和我要在艾爾帕索東邊買房子。」我說：「太好了，恭喜啊！」曼紐爾望著溪水，幽幽說道：「我們家族還不曾有人買過房子。」

回到酒吧後，只見貝托正在和一名中年女子攀談，他的手放在她的大腿上。他笑著向我們介紹：「這位是蘇西，她說我們應該去山上的歌劇院看看。」海沃德說：「靠，聽起來很屌。」於是我們離開酒吧，全體擠上他的車。蘇西坐在前座，指引我們開上一條蜿蜒的道路。老歌劇院的窗口透出溫暖的光線，裡面高朋滿座，木頭燃燒的煙味撲鼻而來。地板和天花板都是木造的，土磚牆看起來就跟一世紀前一樣。我們坐下來，點了啤酒，聽人拉小提琴唱歌，浸淫在那份煙霧和樂音繚繞的溫暖之中。坐了一會，我和海沃德避開人群，跑到外頭站著聊天。他說起他妻子，說他是怎麼娶了他最好的朋友，說當你遇到一個懂得欣賞你本來的樣子、無意改變你一絲一毫的人時，你就知道自己遇到對的人了。

曼紐爾和貝托很快就聽膩小提琴了，不久我們便載著蘇西下山，到水牛酒吧喝最後一杯。又一輪啤酒過後，貝托搖搖晃晃地和蘇西跳起舞來，他朝點唱機投了一枚又一枚硬幣。還很清醒的海沃德跟我和曼紐爾坐在一起，告訴我們他在維吉尼亞州長大的故事。高中時，他是足球隊的四分衛，他老婆是啦啦隊長。一開始，他們就是在足球場上認識的。海沃德的父親是警長，他高中一畢業，父親就鼓勵他加入警察的行列。海沃德是他們局裡有史以來最年輕的一員。

點唱機播起一首福音鄉村老歌，海沃德面露笑容說：「在那一切之前，我和我的兄弟姊妹曾在福音班唱詩歌，我們做過一些巡迴演出，有些可是很盛大的場面。」他陶醉地笑著說：「有一場大型福音劇錄了我們的一首歌。」我轉過頭去，看到貝托貼過去吻蘇西。

海沃德開車載我們回山下時，貝托在副駕駛座打鼾，我則望著下方山谷裡的小鎮燈火，璀璨得猶如一塊帶來幸福的應許之地。

***

我開著車和曼紐爾還有貝托穿過一大片沙漠乾谷來到邊界。有好幾個小時，我們就停在低矮峽谷裡的一座儲水槽旁，聽著掃描器偵測毒探的無線電波，一個來自西邊的山頭，另一個在我們上方的山上。代號Metro-4的傢伙呼叫代號Alpha-3，向對方描述我們沿路駛來的一舉一動，包括每一次轉向、每一次停車、每一次下車撒尿。天一黑，兩個毒探就離開他們的據點，訊號變得悄無聲息。

第二天，我們繼續展開掃蕩行動，毒探的頻道還是靜悄悄的。晚上，我們把車停在儲水槽邊，星星在沒有月亮的夜空中大放光芒。我們坐在車上，監聽國界南邊一支毒梟把風小組的動靜。曼紐爾告訴我們，把風小組一路跟著一支武裝車隊，沿著墨西哥的一條公路前進。我們聽得出來這群人忙得暈頭轉向，其中有些人的聲音很亢奮，彷彿渾身都是洶湧的腎上腺素，有些人則很驚慌，神經兮兮地發著牢騷。曼紐爾解釋，把風小組要負責保護這位地方角頭，武裝車隊則是由敵對陣營的毒梟成員所組成。後來，一個叫維克多．祖羅的傢伙出現在無線電頻道中，他告訴他的手下，說是老闆祝福車隊順利通過他們的地盤。曼紐爾說他們可能要去毒梟的一個據點開高層會議。我想像著他們的據點是什麼樣子，從那裡看出去的星斗又是什麼樣子。我暗忖，他們的據點一定高踞深山之中，藏在一個風景優美但我永遠不該涉足的地方。

***

從二〇〇八年開始，作家查爾斯·包登（Charles Bowden）負責策劃一名前毒梟殺手、也就是墨西哥所說的毒裁者（*sicario*）的系列訪談。包登最後安排了這位毒裁者坐下來，接受莫莉·莫洛伊和義大利電影導演吉安弗蘭科·羅西（Gianfranco Rosi）的提問，錄了幾天的訪談影片。羅西將這位毒裁者的證詞收進他的紀錄片《殺手，一六四號房》（El Sicario, Room 164）中。受訪的毒裁者同意在電影中現身的條件是將他的聲音變聲，並將他的臉做模糊處理。最後綜合羅西的提議，雙方達成共識，這位前殺手會戴著黑色頭套錄影，就像古時候劊子手戴的那種頭套。

包登將這些訪談彙整成書，他在序言中描述這位毒裁者：「從外表完全看不出來他是怎樣的一號人物，也完全看不出來他做過什麼。」然而，他卻有本事「綁架、凌虐、殺人、分屍、埋屍，做盡我們一般人無法想像的惡事。」根據毒裁者的證詞，他這樣形容自己的殺人舉動：「接到命令時，我從不懷疑，從不猶豫。我只負責扣下扳機，甚至想都不想一下。我根本不認識受害者……對我來講，他們什麼也不是。」

他繼續說明，在執行任務時，幾乎像是一種定律，他和所有他認識的同夥，總是處於嗑藥嗑得很嗨、喝酒喝得很茫的狀態。毒裁者說，在殺掉一個目標或折磨完受害者之後，「要過個兩、三天，等我終於清醒了，才能完全反應過來自己做了什麼。我意識到毒品和毒蟲的世界是如何控制我、操縱我。我都不再是我了。」

將綁架來的人處決後，他們就挖一大片被稱作代用墳堆（*narcofosa*）的墓穴，把死者集體埋了。「我想，在國界一帶……嗯，這麼說吧，在一百個代用墳堆中，可能只有五、六個代用墳堆被找到，」毒裁者說：「我沒辦法告訴你確切有多少人是這樣埋掉的。根本算不清。」儘管如此，「這些數目很重要、很具代表性。一百個人。你能想像一百個人埋作一堆，一個疊一個，全堆在一起嗎？你能想像要如何認屍、如何辨識他們的身分嗎？你能想像在一塊一百二十平方公尺的空地上……有五十具屍體共用一個墓穴嗎？」這位毒裁者說明了毒梟如何大費周章混淆受害者的身分：「必須在屍體撒上石灰和其他化學物，」還要「脫光他們的衣物和一切個人物品，屍體才不會留下任何線索，他們的位置和身分才不會被查出來。」

***

我們小組在新墨西哥州的行動告一段落後，我的幾位同僚返回艾爾帕索度週末，我則留下來拜訪我叔叔。他最近剛退休，從聖塔菲（Santa Fe）搬到鞋跟區一座小鎮的近郊。我在週五晚上天黑後抵達，叔叔在門口迎接我，屋裡溫暖的光線襯出他微微駝背的輪廓。他走到前廊燈下，給我一個擁抱說：「幾年不見了。」

說完，他後退一步，雙手按在我的肩頭打量我，接著一邊示意我入內一邊說：「你看起來很壯啊！」

屋裡到處是紙箱和還沒安置好的家具。他緊張地乾笑道：「我只是暫時租個地方來住，直到我在自己的土地上蓋好房子為止。」接著他話鋒一轉，眼神發亮地說：「我們明天去爬山吧！我順道帶你去看我的地，你可以跟我說說你的想法。」

早晨，我在沙發上醒來，發現我叔叔不見了。我睡眼惺忪地在客廳裡東看西看，瀏覽起我叔叔一箱箱的老照片。照片中有他和他唯一的兄弟、也就是我父親，他倆一起在南加州和新墨西哥州爬山，還笑咪咪地把假餌綁到長長的魚線上，釣魚竿彎彎地朝波光粼粼的河面垂下去。我叔叔自己沒有子嗣，便收集了無數我和同父異母手足的照片。我和這些兄弟姊妹之間不只住得很遠，年紀上也相差很多。叔叔有我們嬰兒期、學步期、幼童期、小學時期和中學時期的稚拙照片。壓在更下面的其中一個箱子裡，收著父親眉開眼笑地伴在我們這些子女的年輕媽媽們身旁——他有多任前妻——的照片。其中一張照片裡，他和我最小妹妹的母親站在海邊。在另一張照片裡，他和我母親站在一片綠油油的山坡上，那是他們那段短命婚姻的第一天。我母親容光煥發，身穿白色棉質上衣，搭配一條紫色披肩。我父親穿了件條紋襯衫，寬鬆的襯衫在風中獵獵翻飛。

我從箱子上抬起頭來望向窗外，瞥見我叔叔朝屋子跑來。我站到廚房窗前，看他雙手戴著皮革工作手套，以僵硬的姿態沿著泥土路慢慢跑。多年來，叔叔全身上下飽受退化性周邊神經病變所苦，四肢肌肉無一倖免。前腳抬起時小腿使不上力，為了不要跌倒，他只好一路把膝蓋舉到腰部。至於手套，他後來告訴我，是為了在跌倒時保護他的雙手，因為他免不了還是會跌倒。

簡單吃過早餐之後，叔叔帶我到他在亞利桑那州界上的那塊地，他的新家已打好地基。他聳聳肩說：「目前還沒個樣子。」放眼望去，他這塊地平坦而乾燥，地上生著斑白的枯草和糾結的牧豆樹。我感覺得出來，他擔心這裡與世隔絕，他期待我能從這片乏味的地景和無垠的藍天之中看出什麼價值來。叔叔雙手扠腰，看著他的地說：「我也說不上來為什麼挑了這裡，可能因為親近荒野的感覺很不錯吧。」我從這塊地極目望向地平線，最後說了句：「四面八方都能看到山。」

我們往西朝奇里卡瓦山脈（Chiricahua Mountains）山腳下的登山口駛去，途中停在一條小溪旁。拜融雪之賜，冰冷的溪水漫過了泥土路。叔叔示意我下車，指著岸上蒼白的枯樹，告訴我說：「我是為了懸鈴木來這裡的。」他抬腳踩過溪邊的岩石，說這些樹是如何讓他想起南加州滿山遍野的懸鈴木。年輕時的暑假，他就和我父親在南加州山上的蘋果園工作。至於這條小溪，他是在一九九二年和第二任妻子度蜜月時初次來到這裡。他回憶起他們是如何偶遇這條橫過路面的小溪，接著，像是在說一件失傳的寶貝如何重回他懷抱似的，他說自己發現這些高大的白色樹木時驚訝得屏住氣息，一時間，年輕歲月歷歷在目。他說：「當晚我睡不著覺，就因為這些懸鈴木。」第二天，他和太太開車到小溪上方的山裡，這又遇到了一小片結實纍纍的蘋果園。叔叔朝上游看過去，告訴我說：「打從搬到這裡住，我就一次又一次回去那座山裡，但都沒找到那片蘋果園。它消失得無影無蹤，連一塊長了雜草的空地或一截老樹頭都沒有。」他低頭望著緩緩流動的溪水，冷得搓了搓手，接著從水面上扭過頭來對我說：「我現在做夢還是會夢到蘋果園。」

我們在近午時分抵達登山口，一起朝馬蹄峽谷（Horseshoe Canyon）北邊的分岔路前進。行經一片燒焦的樹林時，叔叔跟我說起這些年來，他在聖塔菲當承包商，不得已摧毀了許多自然景觀。在其中一處工地，他砍倒一棵參天巨松，把它大卸八塊。在另一處工地，他在還很原始的山坡地上，硬生生鑿出一條路來。他說在這樣的破壞舉動過後，他往往一連幾星期都受到罪惡感的折磨，甚至會做噩夢。他說：「有時候，想起那些被我奪去性命的樹木，想起我在大地身上留下的一道道傷痕，心裡實在過不去。」

我想告訴我叔叔，這世上還有行徑更惡劣的人，我的腦海裡依舊留有一幕幕大地遭到摧殘的畫面：滿地燒燬的車輛殘骸，成堆生鏽的腳踏車，就連最荒涼偏僻的步道和小路上都丟了琳琅滿目的各種垃圾——毛毯、麻布包裹、舊衣、剪斷的電線、繩子、手銬束帶，還有漆成黑色、被劃破又被踩扁的桶裝水，等著花上幾世紀慢慢腐爛。我想告訴我叔叔，我看過有人毫無道理、沒頭沒腦地大肆破壞，把家具和車子的座椅丟到深山和遙遠的乾谷中，用女性內衣裝飾仙人掌，把扭曲的腳踏車骨架掛在巨人柱仙人掌高聳的臂膀上，把巨大的岩石推下斜斜的山坡，放火去燒任何能燒的東西——廢棄的汽車、垃圾堆，就連挺拔的沙漠植物都起火冒煙、徹夜燃燒。

我們繼續爬山，直到來到一座破舊的水壩。我們決定在高牆前停下，吃點蘋果、乳酪和花生醬當午餐。在我眼裡看來，叔叔吃東西的樣子就像一隻溫和的小鳥，雖說他需要荒野的撫慰，但我不禁納悶他真的有能力摧毀自然嗎？他轉過頭來對我笑了笑，問道：「你的工作怎麼樣？」我一邊啃著蘋果，一邊想著要如何回答。我想告訴他，我已經到了夜不能寐的地步、一個沒辦法欣賞周遭美景的地步，因為我滿腦子都被暴力盤據。我想告訴他，這裡恐怕沒有他想要的東西，他在邊境的沙漠上恐怕找不到平靜。我深呼吸一口氣，看看那座老朽的水壩攔住的湖水，最後說：「我的工作很好啊，不用待在辦公室，可以出勤到現場。」我叔叔靠過來，倚在我的手臂上，跟我一起凝望深沉的湖水。

後來，在我們朝他卡車走回去的路上，我想了一下要不要告訴他關於野狼的那個夢。或許我可以向他吐露內心的恐懼，告訴他我很怕自己會越來越崩壞。我們肩並肩走著，我看著他抬起膝蓋，然後把懸空的腳重沉沉地踏回步道上。一時間，我擔心我們身上流著一樣的血液——讓腦海裡滿是幻象的血液，在睡夢中洶湧搏動的血液，緩緩侵蝕肌肉的血液。血液破壞性地流動著。

***

我沿著艾爾帕索的街道慢跑，一路來到里姆路（Rim Road），再跑上景觀公路（Scenic Drive）。一場冬雨過後，空氣濕涼而混濁，城市東邊的煙囪都冒出了縷縷白煙。我的目光越過南邊一大片的街道和建築，望向上空烏雲密布的華雷斯山（Juárez Mountains）。山坡上嵌著漆成白色的巨石堆，拼出「CD JUÁREZ」（華雷斯城）、「LA BIBLIA ES LA VERDAD, LEELA」（聖經是真理，閱之讀之）幾行大字。字寫得很醜，而且做工粗糙，但它提醒我自己身在何方。我在兩座相鄰城市的上方，城區就跨越在曾經波瀾壯闊的河川流域上，被景色枯燥的石山環繞。如今盆地人聲鼎沸、燈火迷離，居民們正忙著迎接即將到來的黑夜。

這年頭，住在艾爾帕索就像盤旋於充滿毀滅性的殘酷邊緣，飽含恐懼的空氣不帶危險地被人們吸吐著。我在艾爾帕索城裡跑步或開車，往返於工作和住家時，華雷斯城的不安氣氛像是一場殘夢的記憶在空氣中飄盪。在新聞報導、學術論文和各種文獻及藝術品中，華雷斯城總是被刻劃成一座遍布加工出口工廠[18]之

18 譯註：此處的加工出口工廠，專指美墨邊境一帶所謂的「*maquiladora*」，此種工廠的母公司設於美國，工廠則設於墨西哥保稅區。美國公司利用免稅輸入的材料和設備，結合墨西哥當地廉價的勞動力，在墨西哥製造商品後再回銷美國。另參見作者後續關於弒女現象的說明。

城，一座毒梟、殺手、不良少年橫行之城，一座軍警駐守之城，一座貧窮、弒女、性侵、綁架、失蹤、凶殺、屠殺、槍擊、爭奪地盤、集體墳場、貪腐、墮落和敗壞之城，這裡可謂是集社會與經濟恐慌於一處的實驗室。隱隱令人生畏的邊界粉碎了這座城市，體制崩壞，百姓活在惡勢力的威脅之下……以上這些都故事性地化作境內所有居民的集體潛意識，成為這座城市不可分割的一部分。身為一個安然地活在它外圍的人，對於發生在那裡的一切，我刻意將我所知道的以及我對它的關心懸置一旁，就像一個做了噩夢的人把夢中情景拋諸腦後，以求安穩地度過新的一天。

此刻，隨著夜幕籠罩這片谷地，國界淹沒在萬家燈火之中，令人難以分辨它確切的位置。我想起自己在華雷斯看見的那些地方：旋轉閘門和塔可餅攤、店面和零食攤、一閃一閃的交通號誌和滿是人車的十字路口。在那裡，我看到路人毫不猶豫伸出援手表達善意。他們在那座城市生活、呼吸，彷彿一切再平常不過，彷彿那裡值得前往、值得居住、值得停留。華雷斯駐守在我心裡，我感受到它的召喚，想要昂首闊步走在它的公園中、人行道上、菜市場裡。即使我明確預感到自己不會過去，我現在所做的選擇阻止我越界投入它的懷抱，但我仍深深感受到那座城市的魔力。

***

在《革命現場臺邊席》（*Ringside Seat to a Revolution*）一書中，作者大衛・朵拉度・羅莫（David Dorado Romo）寫道，格蘭河兩岸雙城是一同孕育墨西哥革命的「智識熔爐」，他爬梳了這場革命在這兩座城市是如何「進行拍攝、錄影及商品交易。」華雷斯之役（Battle of Juárez）爆發前集結的階段，艾爾帕索瀰漫著一股嘉年華的氣氛，兩座城市都湧入各國記者、攝影師和拍片人員，以及各式各樣想來賺一票、找樂子、冒個險、看熱鬧的閒雜人等。遊客從艾爾帕索越過格蘭河，到南岸的營地跟革命分子及他們的戰馬合照。照片中，這些遊客手握來福槍、胸前揹著彈帶，擺出一副英勇的姿態。

一九一一年五月，大規模的戰事終於爆發。聯邦士兵效忠於波費里奧・迪亞斯總統，叛軍則由弗朗西斯科・馬德羅（Francisco Madero）率領，並由龐丘・比利亞上校和帕斯奎爾・歐羅茲可（Pascual Orozco）將軍指揮。艾爾帕索人「跑到屋頂上和火車頂上」親眼見證流血衝突。二十五分錢可買到米爾斯大樓（Mills Building）、謝爾頓飯店（Sheldon Hotel）、聯合車站（Union Depot）塔樓或艾爾帕索洗衣清潔公司大樓（El Paso Laundry Building）樓頂的觀賞據點。如果沒有真的開打，你還可以要求退費。在艾爾帕索，報紙上登出的廣告提議道：「我們的鄰國陷入戰亂，將自身暴露於相關的危險中實為愚昧之舉。只要買一副優質望遠鏡，你就可以把最微小的細節看個一清二楚。」隔岸觀火的衝動是如此強烈，「民眾願為看熱鬧賭上性命，」在這場戰役期間，「美國這邊有五名艾爾帕索人喪命，並有十八人受傷。」

根據報紙的報導，華雷斯城「像是颶風過境」，建築被炸裂開來、徹夜燃燒。天一亮，只見滿街「木頭屑、水泥渣、粉碎的窗玻璃和土磚殘礫散落一地。」在某些人眼裡，華雷斯城的廢墟堪稱奇觀。艾爾帕索的一位前市長喬瑟夫・斯威尼（Joseph Sweeney）就說：「榴霰彈在空中爆開，將致命的彈丸散射到四周的山丘和谷地中，場面看來煞是壯觀。」這場戰役過後，遊覽車紛紛打出廢墟之旅的廣告，要帶大家參觀「戰火蹂躪之城」。

就在一年前，兩岸城市的居民跑上屋頂是為了看另一幅截然不同的美景——哈雷彗星劃過夜空，長達一個多月的時間，憑肉眼就看得見。在七百哩外的新萊昂州蒙特雷市，我那還未出世的外祖父在他母親腹中成形長大。我想像他的家人是如何在初夏某個涼夜聚在一起，我的外曾祖父母拉著他們的子女，一同仰望令人嘆為觀止的彗星。我想像在我姨婆法蘭西絲年幼的眼裡，天際是如何劃過一道令人費解的光芒。

***

貝托邀我和他的朋友一起去艾爾帕索市中心的一家夜店。我們鑽過了擁擠的人群——那些穿著清涼的女性和大汗淋漓的男性——輪流買酒請彼此喝。在舞池中央用繩子圍起來的貴賓區，有一名紅裙女子與一名男子共舞，貝托見我直盯著她瞧，就靠過來湊近我的耳朵吼道：「我如果是你就不會一直看她。」我問：「什麼？」他比了比那個男的，壓低聲音說：「跟她在一起的是個毒梟。」我順著貝托的手勢看過去，正好看到那男的捏了那女的屁股一把。那傢伙醉眼迷濛，眼珠子都翻過去了。

整晚我多半都和一名身形苗條的黑髮女子共舞。她拉著我的手，帶我到戶外露台去。她靠著夜店的磚牆抽著菸時，我就站在一旁。她告訴我：「我不喜歡這裡。」我問：「什麼意思？」她說：「剛才我去上廁所，有一對男女過來跟我攀談。他們比我們年長，可能四十幾歲吧，看起來很有錢——你知道，就是穿著貴氣的俊男美女。他們講西班牙語，像是從西班牙來的，一個勁兒想說服我跟他們去一個地方。我不確定是去他們家，還是去他們認識的某個人家裡。反正感覺怪怪的，我不喜歡。」她匆匆把菸抽完，伸手壓了壓裙襬，然後把雙手抱在胸前。

回到店內之後，她就從我身邊離開，消失在人群中。良宵將盡，酒吧紛紛打烊，年輕人湧上大街和停車場。我在店外頭搜尋她的身影，伸長了脖子在人群中張望。

***

從一九九〇年代中期開始，弒女（femicide）——殺害女性——成為華雷斯城的標誌，象徵著美墨邊界沿線展開的危險與混亂。墨西哥城的記者賽吉歐・岡薩雷茲・扎迪吉斯（Sergio González Rodríguez），是在奇瓦瓦州境外率先為全國民眾報導弒女現象的記者之一。在《弒女機器》（*The Femicide Machine*）一書中，岡薩雷茲描述了本時代特有的這種犯罪典型：「受害者從華雷斯城的街上被拐走，強制帶到地點隱密的房子裡，在告別單身派對或性愛毒品轟趴上遭到性侵、凌遲及殺害。受害者的屍體像垃圾般被丟在沙漠上、街道上、市區或郊區的角落和空地上，還有城市近郊的野外。」岡薩雷茲指出，透過將受害者棄屍於空地上和垃圾堆中，這些案件的加害者否定了受害者生而為人的基本尊嚴：「把遭到性侵、凌虐、衣衫不整的女屍丟到垃圾堆，意在展現漠然的姿態，加倍羞辱對方。這種舉動不把人當人，抹去了人與物之間的差距，並大肆張揚無法無天的行徑……藉此提醒受害者在家庭和產業界皆無地位可言……她的身分先天注定不存在。」

即使國際上也開始關注起這座城市的弒女現象，受害者的身分還是被聳動的敘事手法模糊了焦點。女性被刻劃成弱勢的年輕女工，受僱於剝削勞方的美國資方工廠，即所謂的加工出口工廠。在下班通勤回家的路上，或在城裡的夜店玩樂時，她們被不肖分子盯上。在《德州觀察者》（The Texas Observer）雜誌的一則訪談中，莫莉．莫洛伊寫到這些敘事是如何將女性刻劃成性玩物，把她們的身體替代成「某種祭品」或「受苦受難的象徵」。莫洛伊指出，圍繞著弒女現象的性慾修辭，是如何情色化這些受害者，使這些女性顯得比實際上更無助、更弱勢，殊不知她們當中有許多是「家裡唯一的經濟來源，負責賺錢養家。」

最開始，大家還以為華雷斯城這些遇害的女性是遭到一名連環殺手毒手。嫌犯落網之後，後續的案件就被歸咎於模仿犯或有厭女情結的性變態。地方和國家官員都暗示這些女性自己也有責任，因為她們愛混酒吧和夜店。華雷斯城顯得像一片戰場、一個活躍的犯罪淵藪。在死亡威脅持續籠罩的這些地方，連哀悼的餘地都沒有。於是，在華雷斯，不管是意圖引人關注犯罪案或意圖澆息這些關注的人，都同樣促成了這一結果——幾乎一貫地否定這是對個人的損害。

執法單位表現出無意慎重調查這些凶案的態度。聯合國消除女性歧視委員會（United Nations Committee on the Elimination and Discrimination against Women）於二〇〇三年造訪華雷斯，實地評估該城性別相關歧視與暴行的狀況。在後續報告中，委員會表示：「截至目前為止，在涉及性犯罪的案件中，殺人凶手完全有恃無恐。包括聯邦政府官員、聯邦機關各首長和數名參議員對專家提出的陳述和意見，幾乎都表明，州級和市級地方主管機關，皆和嫌犯之間疑有多年勾結串通及偽造證據的歷史。」

長期擔任《華雷斯日報》（El Diario de Juárez）調查記者的珊卓拉・扎迪吉

斯．聶圖（Sandra Rodríguez Nieto），在《犯罪工廠》（西文原書名 *La Fábrica del Crimen*，英譯書名 *The Story of Vicente, Who Murdered His Mother, His Father, and His Sister*）一書中，寫到她訪談華雷斯暴力事件受害者的情形：「在我見過的人當中，幾乎每一個因弒女案件和奇瓦瓦州犯罪系統有接觸的人，都說那是他們這輩子最壞的經驗。正義得不到伸張，原告缺乏基本的安全保障或對被告不利的合法證據，結果導致殺人的真凶很有可能依舊消遙法外。」

二〇〇四年，享譽國際的阿根廷法醫人類學小組（Argentine Forensic Anthropology Team）對華雷斯弒女案展開獨立調查行動。這個由鑑識科學家組成的非政府人權組織成立於一九八四年，一開始是為了調查阿根廷「骯髒戰爭」[19]期間數千人失蹤的懸案。該小組後來針對華雷斯弒女案的報告中提出了證據，證明司法體系的蓄意失職：在鑑定女性遺體時，受調屍體在停屍處是俯伏朝下，「在處理方式和診斷上都不合法。」該小組檢驗了三十多具取自集體墳場的無名屍，發現州級主管機關往往沒有將遺骸標示清楚，導致在某些案件中，不同人的屍體部位混在一起，個別受害者名副其實地合併成一個無差別的集體。

未偵破的命案在許多方面提供了結構性基礎，為接下來的大規模暴力畫出藍圖，更令前者相形失色。二〇〇八年，亦即卡德隆向毒梟宣戰剛過一年之後，華雷斯城已成為這場衝突的一級戰場。毒梟的暴行在邊界以南整個爆炸開來，華雷斯城變得面目全非，它不再只是一座弒女之城，而是一座男女老幼全都性命不保的城市。二〇一〇年暴力事件來到高峰，根據《華雷斯日報》的報導，光是獲報的命案便超過三千件，平均每天就有八件，華雷斯城因此得來「殺戮之城」（Murder City）的稱號，以及仍有待商榷的「世界凶殺首都」（murder capital of the world）的惡名。同一期間，艾爾帕索卻被譽為美國最安全的城市。

在華雷斯乃至於全墨西哥，濫殺無辜的暴行到了二〇一二年已經變得極為猖

19 譯註：Dirty War，一九七六至一九八三年間，獨裁軍政府以反叛罪名逮補阿根廷人，約有三萬人自此下落不明。

獗，當時《紐約時報》駐外記者戴米安・凱夫（Damien Cave）報導了華雷斯新一波的弒女失蹤潮，其規模甚至比一九九〇年代至二〇〇〇年代初期還大，但相關報導卻未引發關注。奇瓦瓦州的一名人權研究者告訴凱夫：「人們的反應並不如之前，因為大家已經習以為常了。」

***

曼紐爾問貝托和我能不能趁週末幫他搬家。一個週六上午，貝托和我一起開車到曼紐爾的新家，加入他們一家人的行列。大型物流貨車停在他家車道上，我們把車上的一應物品卸下來。在他太太的指揮下，我們把家具搬到各個房間和樓上。我們扛著箱子吃力地穿過客廳時，曼紐爾的兩個女兒繞著我們腳邊跑來跑去。貨車終於清空之後，我們跟他的家人圍著廚房的中島，坐在高腳凳上一起吃披薩。曼紐爾把我們介紹給他的父母。他指著我說：「這是我另一個兒子（*Este es mi otro hijo*）。」我笑了出來，一邊伸出手去跟他們握手，一邊說：「幸會

（*Mucho gusto*）。」曼紐爾的父親微笑道：「你是墨西哥人嗎？西班牙語說得很好啊。」我想了想該怎麼回答，最後說：「有部分是，我外公一家來自蒙特雷。」曼紐爾的父親驕傲地說：「啊，我來自奇瓦瓦州德利西亞斯市（Delicias），但我去過蒙特雷，以前我開著貨櫃車，把整條邊界都跑遍了。」他在凳子上坐挺了說：「我是卡車司機，地圖上沒有我不知道的地方。」

曼紐爾的雙親開始跟我說起德州西部的城鎮，以及北奇瓦瓦州和科阿韋拉州（Coahuila）的鄉村。他母親說：「以前我們在國界兩邊跑，就跟家常便飯一樣。」他父親搖頭感嘆道：「我退休不開卡車以後，我們帶著孩子沿著國界開了一趟，一路到墨西哥灣為止。」他母親嘆了口氣說：「很美好的一趟旅途。」她深情地看看她丈夫，然後看看曼紐爾，問道：「曼紐雷多（*Manuelito*）[20]，你記得大彎國家公園（Big Bend）裡的那些小村子嗎？」曼紐爾聳聳肩說：「我不記

20譯註：西語人名Manuel（曼紐爾）為Manuelito之簡稱。

得了，媽。」曼紐爾的父親伸出他的手，插嘴道：「我可是記得一清二楚，就像昨天的事一樣。從早到晚都有人在國界兩邊穿過來、穿過去，國界好像根本不存在。」他看看我，抬起眉毛說：「甚至還有人騎馬渡河呢，就像在老西部片裡一樣。」曼紐爾的母親微笑道：「真的（*Es cierto*），就跟電影裡一樣。」她搖搖頭，低頭看她孫女吃披薩，接著又說：「那時候可沒有這麼多問題，以前我們甚至會帶孩子們去華雷斯。碰到連假的時候，我們全家就南下到城南的湖邊和山上。小孩子都很喜歡去那裡，連著幾天只顧釣魚、玩水。」她又看著曼紐爾問道：「你記得嗎，孩子？」曼紐爾遞了另一塊披薩給他女兒，一邊說：「我記得，媽，很清楚。」他母親嘆道：「我們再也沒去過那裡了。」

***

離開曼紐爾家回去的路上，貝托第一次和我聊起我們加入巡邏隊之前的人生。他告訴我他是多麼想當警察，又是如何去念專攻刑事司法的學校，一直很清楚自己要的是別上徽章、帶著配槍，當人民的保母。他說：「在艾爾帕索城外長大，就我所見，混得好的不是毒梟的人，就是負責撂倒毒梟的人。」我問他有沒有想過要再回學校深造。他搖搖頭說：「眼前這就是我的人生，我幹這一行將近十年了。」我問他有沒有想過退出巡邏隊。他的目光越過方向盤望向車外，說他有房貸要付，車子的分期付款也還沒繳清。除非待遇一樣好，否則他不能扭頭就走。我笑了出來，說道：「這我就很難體會了。」貝托問：「什麼意思？」我說：「我住在你家該死的後院裡，隨時可以扭頭就走毫不留戀。」

貝托解釋說，如果要離開巡邏隊，他得升上去當長官，調到別的單位。我問：「如果有機會，你想調去哪？」他想了想說：「你知道國務院有自己的警力嗎？就是外交安全局（Diplomatic Security Service），他們可以世界各地到處飛。」貝托不禁面露微笑說：「聽起來很不賴吧！」我望著窗外這座位於州界南邊的水泥城市，告訴他說：「我也想過去國務院，但不是到執法單位。」他大笑道：「老弟，難不成你想當外交官？」我聳聳肩，坦承道：「我確實想過從事外交工作，但那是在進巡邏隊之前的事了。他們有留學獎學金計畫，你可以申請到任何一個你想去的國家做研究。」貝托盯著前方的高速公路，最後說：「啥啊（*qué chingón*）。」

我們默默坐在車上，過了一會兒，貝托轉頭看我，問道：「所以，你想找別的出路？」我聳聳肩說：「我甚至還沒做滿四年呢。」他說：「那又怎樣？你還是能有別的志向，臭小子（*pendejo*）。」我說：「也是啦。」我又望向窗外，告訴他說：「我總想著要再回學校深造，以前我想過要念法律、政治學之類的，但現在我不確定了。在學校時，我花一堆時間研究國際關係、移民、邊境安全，總是在讀經濟和政策之類的，鑽研解決這個大問題的學術理論，理論很複雜而問題解決不了。決定應徵巡邏隊的工作時，我心想實務經驗或許能神奇地為我解開邊境之謎，你懂嗎？我以為我會得到所有問題的答案。可真的到這裡工作以後，看了這麼多，有了這樣那樣的經驗，我卻不知該如何整理出脈絡，我不知道自己在這當中的角色，我反而比以前有了更多的問題。」貝托匆匆轉過頭來看我一眼，最後說：「靠，你講話好深奧。」

下了高速公路以後，貝托跟我說起他的家庭。他在河的兩岸長大，現在仍有親戚在華雷斯。他告訴我：「以前我們整個家族會在南岸大團圓，但現在除非我的親戚來艾爾帕索參加派對，否則我不會見到他們。」快到家時，我問貝托有沒有去過南邊見他親人。他說：「自從加入巡邏隊以後就一次也沒有。」他在山腳下的紅綠燈前停下車，望著旁邊一條空蕩蕩的小路說：「即使在邊境情況惡化之前，我也不曾跑到南邊去。我知道可能沒關係，但身為探員就是覺得這麼做不恰當。」我點頭附和道：「加入巡邏隊以後，我也沒去過了。」

燈號轉綠，貝托加速爬坡，我默默想著，到底是什麼讓我們覺得不該越界到另一邊？

***

在《安蒂岡妮．岡薩雷茲》中，莎拉．烏依比寫道：

全數清點一遍。
一個一個指名，好教人認清：這具屍體有可能是我的。
我自己人的屍體。
好教人莫忘：每一具無名屍都是我們丟失的身體。

我夢見自己和曼紐爾、貝托在華雷斯城。我們在夜裡駛過人潮洶湧的街道，然後把車停在路邊，下車加入人群。我們和華雷斯人一起在城裡走著，在戶外狂歡慶祝。我和女孩子們在大街上共舞、親吻，在街燈下牽著她們的手旋轉。我感覺人群中有股不安的氣氛，貝托不時靠過來，對我指出某些和毒梟有牽連的人、某些需要多加注意的車輛、某些必須避開的地方。破曉之際，人潮散去，我們開始朝停在路邊的車子走回去。我們在人行道上走著，曼紐爾在我們身後打手勢。遠處有一群男人沿路走來，把還留在街上的人或殺掉、或綁架。曼紐爾說：「他們往我們這裡過來了。」我們急忙跑回車上，我心想早知道我們就不要來這。我想著，我們都看過那些血腥的畫面，幹嘛還來這裡？上了車，我們加速駛離，街道又開始湧現人潮。這座城市的居民展開他們的一天，大家拿著花束往各個方向走去。我暗自納悶，他們如何懷著恐懼過活？他們怎麼活得下去？

***

歷史學家提摩希・史奈德（Timothy Snyder）的生涯大半致力於研究一九三〇至一九四五年間二戰時期在德國和蘇聯之間東歐人受到的恐怖統治。在《血染之地》（*Bloodlands*）這本著作中，他記述了希特勒和史達林雙雙在現今的波蘭、烏克蘭、立陶宛、白俄羅斯和俄國西部進行的種族滅絕行動——出於種族和政治動機的集體屠殺和大規模的飢餓計畫[21]。

21 譯註：飢餓計畫指二戰期間納粹奪取蘇聯的食物，將奪來的資源供應給德國，導致數百萬屬於弱勢種族的斯拉夫人餓死。

史奈德懇求讀者把「一千四百萬」這個驚人的死亡人數想成「一的一千四百萬倍」。他寫道：「每一筆死亡紀錄都代表著無法盡述的獨一生命。我們不只要去數算這個死亡人數，還要把每位受害者都看作是獨立個體。」史奈德解釋道：「死去的生命化為一大筆數目之一，就形同溶入一道無名之流。死後便從屬於此消彼長的國族記憶，而把個人生命計入其中的那個總數目字更強化了它，這等於犧牲了一個人的個體性，等於是被歷史遺棄。」

在這本書的結尾，史奈德向學界和從事歷史研究的同行、以及所有奮力面對大規模死亡事件的人發出請求，他主張：「身為學者，我們要挖出這些數字，並為這些數字賦予意義。身為人道主義者，我們要把數字變回有血有肉的人。」

***

近午時分，我在電腦前瀏覽當天新聞時，海沃德過來我的辦公室，問我：「忙嗎？」我從螢幕上抬起頭來，答道：「不忙。」他盯著我的臉說：「我的老天，你的臉色好糟。」我說：「謝了，我只是沒睡好。」他說：「這樣啊，我們去吃點午餐吧。」

點好餐後，海沃德脫下帽子放在桌上，告訴我說：「你之前待的巡邏站發生一起槍擊案，你聽說了嗎？」我回道：「沒有，出了什麼事？」海沃德告訴我：「在靠近國界的地方，有一名探員開槍射死了一個瓜地馬拉人。」我不禁咒罵一聲。海沃德繼續說：「他們說他這槍開得沒錯，出於自衛，照例是這樣。」我問：「那位探員叫什麼名字？」他答：「洛佩茲，你認識嗎？」我回想自己在巡邏站的期間，說：「我不記得有誰叫洛佩茲的。」海沃德說：「哎，真他媽的，我本來想看看你知不知道他的狀況。」海沃德靠向椅背望向窗外，沉默了一陣又說：「我知道一個人在殺了人之後，心裡會有多難受。其他人有沒有跟你說我的事？」我看著海沃德，困惑地眨了下眼，問道：「你的什麼事？」海沃德說：「還在維吉尼亞州當警察的時候，有一次，我開槍射死一個孩子。我以為你可能聽說過。你知道，總是會有流言的。」他把帽子拿在手裡，把帽沿折了又折、捲了又捲。

海沃德告訴我，那天他一連值了兩班之後，在開車回局裡的路上，接到無線電傳來的呼叫。就在離他幾條街的地方，有一名便衣警探在追一輛贓車。海沃德在一條小巷鳴笛閃燈，擋住那輛車的去路。那輛贓車煞車正準備要迴轉時，那位便衣警探從他的車上跳下來，試圖把贓車駕駛拖下車。但他一拉開車門，贓車駕駛就緊緊抓住他的手臂，一邊拖著他還繼續開車調頭。海沃德眼見警探掛在車上，贓車加速時整個人被拖在路面，便瞄準贓車開了兩槍，結果正中駕駛的腦袋。他說：「我根本不知道子彈打到哪裡，但我看到駕駛癱了下來，車子也停了下來。他只是個孩子，十七歲而已。車上還有一名乘客，十九歲，毫髮無傷。」

海沃德盯著他的帽子，臉上靜靜蒙上一層陳年舊創的痛苦神色，那是種我希望自己永遠也不必懷有的創痛。最後，海沃德說：「去它的，我自己也才二十出頭而已。」

***

科學界持續探究人類暴力的根源，並發現某些人具有先天的基因缺陷，使得他們動不動就對人暴力相向。一九七八年，荷蘭東南部的城市奈梅亨（Nijmegen）有一名女性因為家族裡的暴力史，轉而向拉德堡德大學附設醫療中心（Radboud University Medical Centre）求助。包括她的兄弟們、她的兒子以及他們家族好幾代的男性，強暴並虐待自己的姊妹、狂怒地追逐他們的雇主、犯下縱火案、跟人打架，還對親朋好友、同事和陌生人都做出威脅舉動。一九六二年時，這名女性有一位個性溫和、任教於特教機構的叔公，開始追溯家族裡的暴力傾向，甚至上溯至一八七〇年，發現有九名男性家庭成員和先人都有這種行為史。奈梅亨大學的遺傳學家後來花了十多年的時間研究這名女性及其親屬。

一九九三年，在經過十五年的調查後，研究員找出一種和單胺氧化酶A（monoamine oxidase A，簡稱MAOA）的酵素有關的基因缺陷。這種酵素是控制衝動的關鍵調節器，單胺氧化酶A濃度低者似乎先天就有暴力傾向，研究人員進而將這樣的人稱為「戰士基因」（warrior gene）帶原者。由於這種缺陷的產生和X染色體的不足息息相關，相較於擁有兩條X染色體的女性，只擁有一條X染色體的男性更容易有這種缺陷，儘管女性也可能是帶原者，並將之遺傳給她們的兒子。後續研究顯示，全世界約三分之一的男性人口帶有戰士基因，而童年創傷可能成為導火線，引爆這種基因向外表現出來。

一發現自己家族幾代前人都有恐怖的殺人史，加州大學爾灣分校（University of California at Irvine）的神經科學家詹姆斯．法隆博士（Dr. James Fallon）就主動接受腦部掃描和基因分析。他的基因檢測結果及大腦活動模式，符合了科學家對於暴力及侵略性的看法。法隆將他並不暴力的性格歸功於「如有神佑」的成長背景。他在一次訪談中說明道：「如果你具有高風險基因，早年又受過虐待，那這一生犯罪的機率就高出許多；如果你具有高風險基因，但不曾受過虐待，說實在你的犯罪機率就不高。所以，基因本身不是影響行為表現的決定性因素，而是要在特定的環境條件之下，才會產生顯著的差異。」

法隆博士並未具體說明什麼樣的環境條件有可能觸發戰士基因，也沒談到在整個社會上演數十年的大規模創傷，是否有可能引致暴行持續不斷。他沒指出在陷入瘋狂之前，我們的潛意識能承受恐怖和畏懼多久——亦即我們能在侵犯與殘酷之下生存多久。

***

貝托要為一件情報任務出差幾天，我答應幫他照顧狗。在他離開之前，我告訴他這週末我打算去爬富蘭克林山。我問：「你的狗有辦法爬很陡的山、走幾小時的山路嗎？」貝托說：「可能沒辦法。」

早上出門爬山前，我餵了貝托的狗，把牠留在關上了門的後院裡。開車穿過艾爾帕索到富蘭克林山東側的麥奇里根峽谷（McKelligon Canyon）登山口時，我注意到城裡颳著強勁的春風。爬上峽谷時，狂風撕扯我的上衣，漫天塵埃擋住了東邊的視野。一小時後，我從一座山頭上望出去，看到整個區域都籠罩著大片灰褐色的沙塵。若是天氣晴朗，我就能看到德州西部的平原和新墨西哥州的沙漠。我的視野可以一路向南，延伸到華雷斯城和奇瓦瓦州周邊的鄉野。但在狂風掀起的沙塵之下，我連山腳都看不到。我循路爬下峽谷時，還一邊伸手擋著眼睛一邊從嘴裡呸出沙子。

回到家之後，我發現後院的門打開著，貝托的狗不見了。在瀰漫著沙塵的黯淡夕照下，我發了瘋地開車在附近找狗，前方視線所及不超過一百碼。在褐色的沙霾中，我看見一名女子在街上走著。她拉緊了連帽衫的帽子，好把自己的臉遮住。我搖下車窗，頂著狂風對她喊話，她告訴我，捕狗隊大概十五分鐘前來過。我開回貝托家，看到門上貼了艾爾帕索動物收容所的通知單。我連忙開車穿過城裡，趕到收容所去，邊開邊咒罵自己。

到了收容所，我看到貝托的狗縮在狗籠一角，渾身的血跡和咬痕。我頓時恍若置身噩夢之中。管理員告訴我：「牠跟別的狗打架，牠不會有事，但另一隻狗可慘了。」管理員給我一個地址，離這裡幾條街而已。我直接開去那戶人家，把貝托的狗留在副駕駛座上，牠還是縮成一團。站在那棟房子門前，我想著自己為什麼不撇下這件事不管，打架的不是我，我為什麼要負起責任？一名穿著邋遢的女子來應門，我自責道：「我應該要看好那條狗的。」說完這句話，我就不知道還能說什麼了。我咬緊牙關，一隻手按在自己胸口。那名女子手裡還握著門把，站在那裡不動。最後，我終於開口問道：「妳的狗還好嗎？」她難掩怒氣地說：「我丈夫帶牠去看獸醫了，你那隻該死的狗咬穿了牠的脖子，混帳王八蛋把頸靜脈都咬斷了。」我垂下目光。女子又說：「牠的傷口要縫，我不知道牠能不能保住一命。」她怒目瞪視我，兩眼眨也不眨。我只能說：「我很抱歉。」我們冷冰冰地僵在那裡。最後，轉身離開時，我說：「我會回來付醫療費，我保證。」

那天晚上，沙漠上風沙滾滾，我跪在貝托家的後院，發著抖幫一隻動物沖洗臉上的血。

***

資深戰地記者大衛・伍德（David Wood）在他的著作《我們究竟做了什麼》

（*What Have We Done*）當中，檢視了從伊拉克和阿富汗前線戰場歸來的士兵，他們普遍都有「道德創傷」（moral injury）。長久以來，道德創傷一直和創傷後壓力症候群混為一談，實則道德創傷更加幽微，它的症狀不在於創傷回憶不斷浮現，或內心的驚悸不安，而在於「悲傷、懊悔、哀痛、羞愧、苦澀，以及道德錯亂。」這些症狀不是表現在生理反應上，而是表現在夢境及自我懷疑等細微的情緒反應上。伍德寫道：「深究起來，簡而言之，道德創傷是我們對自己的了解、對自己和別人什麼該做什麼不該做，在認知上產生了斷裂。」套一句某位士兵告訴他的話：「道德創傷是一種學習來的行為，你學會接受自己明知不對的事。」

伍德談到「多數人……對於人生的道德規範、正義與不義、是非和對錯，都有堅定不移、根深柢固的個人信念。這種道德感，這種內在指南針，是建立在我們從小開始習得的觀念之上……但是戰爭從本質上來說，易於在突然間粗暴地顛覆了這些自幼留下的道德信念。戰爭時，事情不再往好的方向走，因為死亡和毀滅正是其目的。」這種顛覆往往是漸進式的，當事人難以察覺。同理，道德創傷也是一種漸漸形成的傷害，這種事情的發生，如同一名伊拉克退伍士兵所言：「是要到你有時間回顧帶來創傷的經驗時。」

伍德寫到的道德創傷，主要針對的是派往地球另一端國外戰區的士兵，在戰爭中所受的創傷。但他也指出，一個人不一定要參戰也可能受到道德創傷。他提醒我們，戰爭所波及的範圍遠不止於戰場上，它也滲透到鄰近的地理環境和人際場域、深入到個人和社會的潛意識。用這種更廣大的觀點來看所謂的「置身於戰爭之中」，伍德表示：「就會暴露在道德創傷之下。」

***

我們小組被派去沙漠上出任務，地點就在我之前待的巡邏站那裡。離開艾爾帕索之前，海沃德特地過來交代我要好好表現。他說：「你熟悉那裡的地形，我要你協助曼紐爾做三角定位，用我們攔截到的通訊內容，去比對你知道的地面情況，比對出地圖位置。我要知道他們把貨藏在哪裡，還有毒探從他們的瞭望點可以看到什麼。毒梟走私了一大批毒品，我們來搞清楚這批貨要運到哪裡。」

我和曼紐爾、貝托開車開了很漫長的路，望著窗外盛放的地景——綠油油的木餾叢，頂著黃色羽毛的帕洛威德樹（palo verde tree），開著串串紅花的福桂樹（ocotillo），綿延不絕的橘色野花。電波掃描器傳來破碎的談話聲，監聽之際，我想像自己可能知道他們在哪裡，並試著在腦海中模擬出當他們從所在的制高點俯瞰這片沙漠短暫存在的繁茂景象。

我們在下午晚些時候回到前進作戰基地，那是我們事先用拖車設置成的機動指揮中心。一天傍晚，日落前一兩個小時，海沃德提議我們一部分人騎越野沙灘車沿著小路勘察，看看要怎麼接近附近一座毒探窩藏的山丘。我對他說：「你們去吧，我要留在這裡寫執勤報告。」海沃德帶著曼紐爾和貝托離開半小時後，他打到我的手機說：「我們碰到一個半途放棄的偷渡客，你能不能來載她回基地？」我說當然可以，又問她的狀況如何、需不需要喝水。他要我放心，說她沒事。

趕到那裡時，我看到一名嬌小的婦女坐在泥土路中央，海沃德、曼紐爾和貝托站在她身旁。海沃德朝我走來，曼紐爾和貝托繼續以西班牙語和那名婦女交談。海沃德說：「我們檢查了她的口袋，這就是她身上所有的東西了。」他把一隻手機遞給我，又說：「偷渡團撇下她，看來她的腳可能長了很嚴重的水皰，大概是走路跛得厲害。」曼紐爾和貝托扶她走到我的巡邏車，協助她坐上後座。關上車門前，曼紐爾對她說：「小心點，女士（*Vete con cuidado, señora*）。」我抬頭看看天空，然後看著海沃德說：「你們快走吧，天色暗了。」他說：「遵命，老大，只是別忘了寫那個報告。」

沿著泥土路開回基地的途中，我隔著鐵絲網從後視鏡看了看那名婦女，試著想找話跟她聊，但卻不知道能說什麼。最後，我問她：「我把車窗搖下來可以嗎？」她說：「照您的意思，長官（*lo que usted quiere, oficial*）。」我搖下車窗，回頭對女子說：「不需要對我用尊稱（*Me puedes tutear*）。」

冷空氣從外面吹進來，我的目光越過路面，望向遠處沙塵暴正襲捲而過亮著溫暖燈光的山谷，大量灰濛濛的圓錐形風沙呼嘯迴旋著。行駛在開闊的路面上，我一時有種既陌生又熟悉的自由感，以及一種對沙漠的舊日親切感。我心想，能夠看著這片景觀，能夠親眼看看這裡的恐怖實況，或許能給我一種莫名的安慰吧。我又看了鐵絲網後的女子一眼，她透過敞開的車窗望著外頭，髮絲打在她飽經風霜的臉上。我想著她眼裡看到了什麼、她望著這片沙漠有什麼感覺。我很確定她感受到的絕非自由。

回到前進作戰基地，我把車停好，扶那位女士下車。我讓她挽著我的手臂，沿著走道一跛一跛地走向一方的等候區。入內之後，她坐在冰冷的不鏽鋼長凳上，我問了一連串的問題，把她的自願遣返表格填妥，而這就是我和她之間唯一貌似談話的互動了。她告訴我：「我四十六歲。我要去鳳凰城看我丈夫。我們那一團四天前偷渡過來。第二天過後，他們就丟下我了。我來自格雷羅州。」

表格填好後，我問她能不能讓我看看她的腳。我說：「我也是個緊急救護員，我可以告訴妳狀況有多嚴重。」她慢慢把鞋子脫下，對自己的腳臭感到很難為情。我說：「沒關係的，這種味道我不是沒聞過。」她把襪子脫下時，吸了幾天汗水、乾掉變硬的布料黏在她腳底的皮膚上。她的腳掌和腳跟都長滿銀幣大小的水皰。我打開急救箱，戴上手套，慢慢把她的腳翻過來檢查。我安撫她道：「看樣子還好，我看過更嚴重的。妳的水皰多半都沒破。」

我用消毒紙巾一一把她的兩隻腳擦乾淨，先從破掉的水皰邊緣把滲出來的液體擦掉，擦好了再塗上藥膏。我把兩隻蒼白的腳慢慢用白紗布包紮好，再輕輕地捆上彈性繃帶。重新抬起頭時，我看到這位女偷渡客歪著頭看我。她說：「長官，你人很好。」我低頭看著她的腳，搖搖頭說：「不，我不是什麼好人。」

***

「恐怖的是你在做夢的時候，」受訪的毒裁者告訴訪問者：「夢境很逼真。我會夢見自己在街上狂奔，從車頂上跳過去。喔，我會夢見自己人在那裡，身上沒有武器，有人在追我。夢境寫實到足以把我驚醒，我的槍就放在枕頭底下，夢醒後我會抓起我的槍對空瞄準。」

「我那時很暴力，」這位毒裁者說：「夢裡的情況就是現實世界的情況，我的夢不是荒唐幻想的夢，而是非常寫實的夢。內心的恐懼讓我不敢待在自己家和家人睡在一起，這份恐懼就是我跑到別的地方一個人睡的原因……因為只要有一點點聲響，你就會有暴力反應……有一次，我在做夢的時候，我太太想幫我……她發覺我在做噩夢，就想把我搖醒，但她一碰我——啊啊啊啊啊——我的反應就是掐她脖子……我勒住她，我勒住自己的太太。」這位毒裁者的大手一邊顫抖，一邊做出勒人的動作。他的每一根手指都在抖。

「就在那一刻，就從那一刻起，我意識到自己出了很嚴重的狀況。」他說：「我再也不是什麼好人。身為保鑣、身為教練、身為劊子手，我的工作有一條我尊重的界線，但這份工作已經越線到另一邊去了。」

諸如此類的事件，終於促使他金盆洗手。他說明道：「在人生的軌道上，走到某一步，你碰到障礙了，你來到極限了。」為了和毒梟撇清關係，這位毒裁者帶著家人逃走，展開躲躲藏藏的生活，這份生活籠罩在新的、揮之不去的恐懼底下。他受邀陪朋友去一間基督教教堂做禮拜。「我很訝異自己一到那裡……不知道是什麼感覺，我實在無法解釋那種感覺，總之我就在那裡哭了起來。」影片中，故事說到這裡，這位毒裁者也啜泣起來。罩著黑色頭套的他，身體輕輕搖晃，嗓音也顫抖起來。他說：「我根本聽不見牧師講道……我什麼都聽不見，只顧哭個沒完，哭得像我這輩子從沒哭過似的，哭得比記憶中的小時候都還慘……我一連哭了五、六個小時吧，止不住地哭，跪下來哭，趴下來哭……然後我聽到周遭的人在呼喚我，我感覺到他們的手在碰我……從他們的碰觸之中，我感受到了溫暖。」

***

在出任務的空檔，海沃德安排了一個上午，讓我們小組到靶場完成每季的射擊資格審核。和曼紐爾、貝托一起做完指定項目後，我問海沃德能否和他單獨談談。我們走出來到停車場，站在他的巡邏車旁。我看著地面，他把雙手抱在胸前，問道：「怎麼了？」我告訴他：「我申請到一筆出國深造的獎學金，我決定接受，這對我來講是很好的機會。」海沃德說：「靠，恭喜你，太好了。」我踢了踢腳下的石子，然後抬起頭來，伸手擋住陽光，對海沃德坦承道：「我需要抽離一下。我一直都想繼續深造，念個碩士之類的。」海沃德瞇起眼來，望著遠方的群山說：「我很不想放你走。」

我們朝靶場走回去，我告訴他我有多喜歡和他工作、多喜歡這個小組、從每個人身上學到多少東西。我們在停車場邊緣停步，海沃德若有所思地站在那裡，沉吟道：「你知道嗎？我們可以給你留職停薪。你可以出國待完你該待的時間，再回來邊工作邊上課。隊上甚至有補助探員攻讀學位的方案，如果你想留下來，我們可以幫你想辦法。」我咬牙沉默了一陣，心裡很想告訴他：「不了，這份工作我做不來。」

***

在《苦痛》（*Dolerse*）這本書中，詩人散文家克莉絲丁娜．瑞芙娃．加爾薩（Cristina Rivera Garza）寫道：「墨西哥人在二十一世紀初被迫目睹的情景，無疑是最令人不寒而慄的當代恐怖主義。」書名「Dolerse」是西班牙文的一個動詞，意思是「置身於痛苦之中」。瑞芙娃．加爾薩試圖建構和解構現代墨西哥社會無所不在的痛苦，她寫道：「痛苦是一種複雜的現象，首先，它讓我們對『是什麼構成現實』的基本概念產生懷疑。痛苦不只摧毀現實，也製造現實。」事實上，痛苦的「社會語言」也是「政治語言」，亦即「用來解讀人我之間權力關係的語言」。因此，她認為在政治和社會的層面上，「痛苦的語言成了意義與正當性的製造者。」

當然，痛苦和恐懼密不可分。瑞芙娃．加爾薩寫道：「恐懼製造孤立。恐懼教我們不信任。恐懼將我們逼瘋。」順著她的論述走，我們會看到痛苦具有摧毀現實及創造自身現實的力量，而這一現實又透過形塑我們這個社會的政治與政策，被賦予了進一步意義及正當性。這種現實往往是一種恐懼下的現實，一種將我們——同時是個體性及作為一整個社會——逼瘋的現實，一種孤立我們的現實。在這種現實之下，我們對人類同胞充滿不信任，而這些人其實是與我們共屬同一鄰里、同一城鎮、同一國家、同一邊界、同一緊密交織且難分難解的地球村，這些人正是在我們生活中互動的人。

在〈戰爭與想像〉一文中，瑞芙娃．加爾薩探究義大利作家兼文化批評家亞歷山卓．巴瑞科（Alessandro Baricco）的作品，並寫道：「他指出戰爭始終都在，戰爭的腎上腺素、戰爭的刺激、戰爭的催眠曲，就存在於形形色色各種文明的骨子裡。唯有當我們的社會能夠發明出更興奮、更驚險刺激、更冒險犯難、更具革命性的東西，我們才能說自己是真的反戰。」她稱之為「激進和平主義的一種形式」。

延續巴瑞科的觀點，瑞芙娃．加爾薩主張：「以恐懼為基礎的戰爭，目的在於製造更多恐懼。如果我們想要超越它，最好是去想像某種更刺激、更極端、會讓腎上腺素更加激增的東西。」畢竟，「無論想像出的是什麼，你總是能有一個不同於戰爭的想像……想像者打從內心深處知道，沒有什麼是自然而然的，沒有什麼是必然的。」

＊＊＊

我夢見自己在沙漠上執勤，在一條空蕩蕩的公路路肩上攔下一輛車。正當我朝車子走去時，一名長髮男子和一個男孩下車朝我走來。我看見男子有槍，就大聲叫他把槍放下。男子繼續朝我走來，我伸手去拿我的配槍，急於把場面控制住。我舉槍瞄準他的身體正中央，吼著要他放下武器。他把槍拿在手裡，轉頭看了看男孩。接著，在他重新轉過來看我之前，我朝他胸口射了一槍。他的槍滑到一旁地上，我再次朝他開槍，一槍又一槍，一連從我的武器發射了五槍。我從男子的屍體上抬起目光，我看到男孩拿了那把槍，從車子後面弓起身子瞄準我。他對我開槍但沒射中。我轉身雙手握槍瞄準，朝男孩開了兩槍，一槍射中頭部、一槍射中肩膀。我看著眼前的情景，內心陷入極度的恐慌，壓倒性的黑暗劫掠一切，我把槍往地上一丟，很害怕自己一輩子都掉入凶殘的暴力交戰循環裡。我心想，應該要聯絡海沃德，應該打個電話給我母親，然後我轉身去找那名男子的屍體，我走過去確認屍體還在原地，確認男子是真的死了。我站在一旁俯視他，伸出腳以鞋尖蹭蹭他的手臂。這時，我聽到男孩在車子旁邊掙扎吸氣，我走過去，站在男孩身旁俯視他，很納悶他怎麼還在呼吸。男孩看著我的臉喘氣道：「我還活著，拜託殺了我，做個了結吧。」我默默佇立，低頭看了男孩一會兒，最後轉身走開。

夢醒時分，我坐在床上啜泣。我想畫個十字，我想伸出手去，我想對洞穴之狼說，狼兄，我們和平共處吧。喔，狼兄。

第三章

一位朋友

卡爾．榮格（Carl Jung）晚年寫道：「如今，我們再度活在一個充滿末日景象的時代，處處是毀滅。」榮格指的是二戰結束後定義了那個時代的衝突。依他之見，冷戰時期以鐵幕為主要象徵，同時也反映了現代人的心理狀態。他寫道：「這條鐵絲網密布的界線穿過現代人的心理，無論是生活在界線的哪一邊。」就連「正常人……也在鄰人或界線另一邊的人身上，看見自己的陰影。」榮格甚至進而宣稱：「將他人視為惡魔本身，已經變成一種政治責任和社會責任，這是為了迷惑我們向外看的眼睛，讓我們看不見彼此的內心世界。」

榮格以「集體政府」（the mass State）一詞來指稱政府及其組織，依他之見，「集體政府無意促進彼此的了解和人與人之間的關係。相反地，它致力於分化，致力於個體心理上的孤立。」榮格主張，當我們將「他者」視為恐懼和迴避的對象，就是在冒險賠上社會的內在凝聚力，讓人際關係受到日益蔓延的不信任所侵蝕。透過在人我之間豎起一道牆，我們「壯大了自己對邪惡視若無睹、將邪惡驅逐出境的原始傾向，就如同舊約聖經中把罪孽帶到荒野的代罪羔羊。」

我們之所以極力推開個人和社會的陰影，背後的原因在於我們想要「快速又省事地沉入遺忘之海裡」，並重拾正常的感覺，無論這種感覺有多模糊、多扭曲。但實際上，榮格警告道：「最終什麼都沒有消失，一切都沒有變好。只要我們睜開眼睛看，邪惡、罪孽、深深的良心不安、隱隱約約的疑慮，就在我們眼前。」榮格敦促我們不要視而不見，而要承認我們與他人其實都一樣，要宣告「我跟其他人一樣都有罪」，要明白「沒有人置身於人心的集體黑影之外」，最終要能接受邪惡是一種「存在於人性本身」的東西，「與善良分庭抗禮、對立並存。」

身為心理學家，榮格在工作中反對把人的心理做出區隔，分出善與惡，或分成有意識的自我和無意識的自我。依他之見，精神分析療法的目的，不是要讓人生臻於某種和諧的境地，而是要進行一種他稱之為「個體化」（individuation）的過程，讓清醒的意識與往往受到壓制的無意識之間，開啟對話。他將個體化視為通往完整的途徑，經由個體化，我們將看似水火不容、兩相對立的特質合為一體，在心裡容下黑暗，學會與生命中的混亂失序共處。

對榮格而言，了解一個人的夢境是這個過程必要的部分，他寫道：「夢是靈魂的引言，夢為人生鋪路。夢決定了你，且毋需你瞭解其語言。」如果過濾我們清醒時的事件，並透過夢境賦予了另外一層意義，這麼一來，潛意識握有的重要線索，就能讓我們安於那些深藏的焦慮和偏見。他寫道：「夢道出了做夢者的內在境況，但有意識的思維要嘛否認夢所說出的事實與真相，要嘛只是勉為其難地承認。」為了能開始真正地認清我們內在的境況，「我們必須讓自己面對無意識的動物性衝動，但同時不去認同這些衝動，也不從這些衝動面前逃走。」

為了闡述論點，榮格舉了以下的例子：「當你夢見一頭蠻牛，或一隻獅子，抑或一隻野狼……這代表牠想撲向你。你想把牠劈成兩半，你將牠視為異己來對待——但只會讓事情變得更加危險。你和劈成兩半的東西合為一體的衝動變得更強烈。最好的姿態是：『來吧，過來把我吃掉吧。』」

我每天早上六點半到咖啡館，剛好在第一批顧客出現前半小時。我把預先秤好重量的咖啡豆磨成粉，並啟動滴漏式咖啡機，讓三個保溫壺都裝滿了咖啡。我設定好義式濃縮咖啡的研磨量，秤重並計時，直到得出一杯粉水比例正確的濃縮咖啡。我打開飲水機。我把一包包手工烘焙咖啡豆排在展示架上整整齊齊。我把手沖臺布置好，放上咖啡磅秤、玻璃壺，還有日本製的V60陶瓷濾杯。我把冰箱的鎖打開，裡面裝滿了義大利蘇打水和綠色玻璃瓶裝的汽泡水。我把巧克力糖漿、香草糖漿和焦糖糖漿擺出來。我把保冷壺裝滿有機淡奶油牛奶，把外帶區的杯套、攪拌棒、吸管、杯蓋、紙巾和糖包重新補滿。我走過中庭到廚房去拿冰塊過來。然後，我把折起來的木頭店招打開，在中庭架好招牌，拿掉櫃檯上的「休息中」告示牌，打開收銀機，擺出我的小費桶。

咖啡館是一個商場的眾多店鋪之一，這個小型的複合商場圍繞著西班牙老市集風格的露天中庭。早上六點半還在悠閒幹活時，我碰到寥寥幾位其他店鋪的工作人員——墨西哥烘焙坊的糕點師傅、塔可餅店的備料廚師，以及負責維護市集中庭的管理員。管理員是位來自瓦哈卡、名叫荷西的壯漢，臉上鬍子刮得乾乾淨淨，總是頭戴一頂黑色棒球帽，身上的灰色T恤被他粗壯的寬肩繃得緊緊的，衣襬俐落地塞進黑色牛仔褲裡。荷西會用澆花水管或長柄刷清潔中庭的地板。他定期用吹葉機清掃緊鄰的人行道，把各種碎屑一波波吹到水溝，等著被雨季的大雨沖走，或被炎夏的熱風襲捲。他整理中庭的家具，用腰際掛的一串鑰匙打開一扇扇的門，輸入密碼解除保全系統，並打開廣場各處的大門，放當天的第一批客人入內。

一早的尖峰時刻來臨前，荷西和我常常隔著咖啡吧檯聊天。我們用西班牙語交談，友好地問候彼此。他問起我在研究所的課業、我的旅行計畫、我最近的桃花運。他問候我的家人，我也問候他的家人。他問起我母親的心臟健康，並請我在出遠門去探望她時，代為致上他的問候。我也請他代我問候他的太太和三個男孩。他的長子上中學的第一天，他驕傲地把手臂靠在吧檯上。他家老么贏了人生第一場足球賽時，他樂得眉開眼笑。他的次子出車禍時，他乏力地拄著長柄刷。車禍後幾個月，荷西說：「他好轉了，感謝上帝（*gracias a Dios*）。」

***

荷西知道我在邊境巡邏隊待過幾年，但他很少問起那份工作，幾乎像是沒什麼可問的。同樣地，我也刻意不問他是如何來到美國、以什麼身分留下。我日復一日和移民往來互動——咖啡館的客人、整個城市各處碰到的移工，還有晚上來公園、隨性加入我和我朋友的行列、大家一起踢足球的日班勞工。我常在他們身上認出越界留下的微妙痕跡，那是對這件事有形無形的領會，一種留連不去的沉重印象。我在荷西身上也感受到了，但我們沒法談論這麼隱微曖昧的事情，於是我們對彼此報以點頭和沉默、眼神和手勢，以及一種很快就發展成友誼的東西。

有天值班結束，我站在那裡數小費，荷西拉了一張吧檯椅，坐下來喝一瓶氣泡水。我把一堆零錢換成二十元鈔票時，感覺到他的目光停留在我身上。我抬眼看他，他示意我靠過去，壓低聲音問我：「喂，你在巡邏隊的時候，一定賺很多吧？」我說：「當然。」他四處張望一下，確定沒人在聽得見的範圍內，然後靠得更近問道：「比你在這裡賺的更多吧？」我笑了出來，回道：「那還用說（*claro que sí*）。」他重新靠回椅子上，不解地問：「那你為什麼要離開？」我聳聳肩，有點訝異他終究還是問出口了。我說：「到頭來，我發現自己不是那塊料。」我迴避他的目光，想著自己還能補充些什麼。最後，我抬起頭來看著他說：「我想回學校念書，學寫作，拿個碩士。」荷西對我投以一個調皮的笑容。他說：「學生可賺不了什麼錢。」我指著櫃檯上那一小疊小費笑了笑。他不可置信地看著我說：「你去別的地方可以賺更多。」我說：「但我喜歡這裡的步調，而且這裡的人很好。」我指了指那臺義式濃縮咖啡機說：「咖啡又好喝。」荷西哈哈大笑道：「當然了，每個人都需要咖啡（*claro, todo el mundo necesita café*）。」

荷西繼續好奇地看著我問：「為什麼要學寫作？怎麼不去念企管、醫學、政治？這樣你就能賺更多錢（*así podrías ganar más dinero*）。」我又聳了聳肩說：「寫作似乎是整理我所見所聞的好辦法。」荷西坐回他的椅子上，回說：「啊，現在我明白了（*ah, ahora te entiendo*）。」過了一會兒，他補上一句：「我可以寫很多本書。」他的見識可多了。

***

荷西和我常常談到毒品戰爭和墨西哥的亂象——在阿約辛納帕（Ayotzinapa）失蹤的四十三名學生[22]、毒梟在邊界沒完沒了的槍戰、警方和政府官員持續的貪

22 譯註：此指二〇一四年在伊瓜拉自治市（Iguala）發生的阿約辛納帕師範大學（Ayotzinapa Teacher Training College）學生失蹤案。全墨西哥師範院校的學生每年聚集起來，紀念一九六八年政府鎮壓學運發生的特拉特洛爾科大屠殺（Tlatelolco massacre），在二〇一四年九月二十六日的紀念活動中，四十三名學生遭警方逮捕後不知所蹤。此事件疑為伊瓜拉自治市市長、市長夫人與毒梟勾結，將被捕學生集體殺害。

汙腐敗。一天，他說了個笑話：有一場盛大的獵鹿競賽，美國、俄國和墨西哥的獵人都來了。第一天，美國人帶著戰利品來到評審面前，但在他們的強力武器摧毀之下，他們的獵物面目全非，根本看不出來是不是鹿，於是他們喪失了資格。第二天，俄國人帶了很大的一頭公鹿回來，但評審發現這頭鹿是被毒死的，而不是光明正大獵來的，俄國人也喪失了資格。第三天過去，第四天過去，還是不見墨西哥人的蹤影。到了第五天，評審團決定出發去找人。找了幾小時之後，評審團在林子裡的一片空地找到了墨西哥人。只見他們圍著一隻兔子，其中一人正在殘忍地對兔子用刑，另一個人高高在上地站著，對兔子吼道：「混帳東西，還不快承認你是鹿！」

二〇一四年，墨西哥軍方抓到矮子古茲曼（El Chapo Guzmán）那天，荷西問我：「你覺得他們真的抓到他了嗎？」我說我不知道，反問他覺得怎麼樣。荷西說：「我覺得很難說，你知道嗎？他有替身。」荷西想了想，又說：「也搞不好是政府的安排，他們只是抓來一個長得像他的人。」幾天後，荷西給我看出現在網路上的照片——這位毒梟頭子的臉部特寫，和他先前一九九三年被捕時的照片並排。荷西說：「看起來不一樣，是吧（*se ve diferente, qué no*）？」我仔細看了看，不敢確定地說：「或許是吧（*puede ser*）。」他把手機放在吧檯上，盯著其中一張照片說：「他的樣子不像毒梟頭子，看起來沒有那麼壞。」我倒了杯咖啡給荷西，靠在我這一側的吧檯上說：「知人知面不知心，壞人長得就跟普通人一樣。」

荷西抬頭看我，問道：「你在邊界巡邏的時候，真的找到毒品過嗎？」我告訴他：「當然，超乎你想像得多。」他緩緩點頭，眼睛眨也不眨，又問：「那你逮過毒梟嗎？」我說：「當然，只不過沒有矮子古茲曼那麼大條。」荷西聽得入神，我繼續說：「我們抓到的多半是些小人物——走私客、毒探、毒騾、蛇頭之類的。」我看著他臉上浮現一種了然於心的表情。他定定直視我的目光，直到我別開目光為止。我最後坦承道：「但我抓最多的是非法移民，純粹想要改善生活的人。」

***

每天早上九點或十點左右，荷西就會帶著他的早餐到咖啡館，在吧檯前坐下來吃，風雨無阻，吃的也是一樣的東西——隔壁塔可餅店的蔬食早餐墨西哥捲餅。每天早上，他都會邀我跟他共享。他會問：「想來點捲餅嗎（*vas a querer burro*）？」而我多半都會接受。他會說：「拿把刀子來切成兩份，你要多大份都可以。」我禮尚往來泡杯咖啡給他，總是裝在紙杯裡，加一份香草糖漿調味，再倒一點淡奶油牛奶。他常對捲餅品評一番：今天的還不錯、豆子涼掉了、鹽巴太多了、一定換了個新廚師。他也會針對莎莎醬品評一番：今天的太水了、不夠辣。有時候，他甚至在點餐前先過來問我：「我也可以把花豆換成黑豆，或加點酪梨，你怎麼說（*qué te parece*）？」

有些日子，荷西會提議和我分食一份甜點，主要是來自隔壁烘焙坊的甜甜圈或雞蛋糕。一天早上，他帶了他太太做的早餐，說是瓦哈卡經典地方菜。他分了一大堆給我，笑著說：「我都這樣吃。」我一邊就著他的保鮮盒大吃特吃，一邊告訴他有一次我抓了兩個瓦哈卡人。荷西睜大了眼睛說：「哦？是嗎？」我說：「他們是好人，謙虛客氣。」荷西笑了笑說：「我們瓦哈卡人都這樣。」我又說：「他們就像這樣分食物給我吃。」我描述了牛肉乾、烤蟋蟀和小魚乾的滋味。荷西笑容燦爛，眼裡閃著飢渴的光芒說：「你說的是*carne seca*、*chapulines*和*charales*。」我繼續說：「但最棒的是梅斯卡爾酒，他們父親釀的在地龍舌蘭酒。」荷西坐回椅子上，張大了嘴說：「啊啊啊啊啊！梅斯卡爾酒讚啦！」

荷西靠在吧檯上，垂下目光看著木紋搖頭道：「以前我喝梅斯卡爾酒喝得可多了，我表哥自己釀，他從我們村子一帶採來龍舌蘭，我們以前還會直接從釀酒桶喝。」他望著窗外的中庭，輕聲坦承道：「我以前是個酒鬼。」接著挺直腰桿坐正了說：「但現在不是了，自從老大出生之後，我已經十五年滴酒不沾囉！」

日復一日，月復一月，每天早上在咖啡館始終如一。荷西忙完了就過來吧檯聊天，與我分享他的食物。將近兩年，沒有一天不來串門子，沒有一天不把他的麵包分給我。

***

一天早上，我問起荷西在瓦哈卡的家。荷西告訴我，他們的村子很小，半隱在首都南邊的叢林山區裡。他說：「那裡很平靜，暴力到現在都還沒接近我們的村莊。我家鄉的人都很謙卑又勤勞，雖然沒什麼錢，但在我們村子裡，都還沒人轉去求助毒品、過上打打殺殺的生活。」

那天上午趁生意清淡，他拿著他的智慧型手機來吧檯，打開「Google地球」，在螢幕上張開手指，放大瓦哈卡州的畫面，包圍村莊的蒼翠山巒映入眼簾。他充滿嚮往地對著衛星影像傻笑，指出村子邊上種得整整齊齊的田地給我看，眼神發亮地告訴我：「我親戚他們就是在這裡釀梅斯卡爾酒。」他打開街景服務，指著五顏六色的建築和龜裂的路面。他的聲音飄到很遠的地方，幽幽說著：「這是教堂，這是市政廣場。」我打斷我們的談話去幫客人的咖啡續杯、幫一位顧客點餐，但荷西始終在吧檯前，埋首於他的手機上。他叫我過去：「看！我媽家在這裡。」我走了過去，他把手指按在螢幕上說：「從屋子的弧度看得出來。」說完，他坐回椅子上，臉上洋溢著笑容。

***

母親第一次帶我到墨西哥時，我只是個小男孩，還沒辦法對事物有所領會、記住細節。她帶我搭火車穿過奇瓦瓦州，來到一個叫作卡薩斯格蘭德斯（Casas Grandes）的地方，那是莫戈隆文化[23]帕魁姆考古區（Paquimé）的所在地。她之後告訴我：「我想帶著我的小男孩一起去墨西哥，因為我想讓他在長大的過程中認識邊界，讓他把邊界視為一個力量之地、探索之地。」

當時我母親剛和我父親分手，努力想證明自己不需要保護，懷著對他人的信

23 譯註：莫戈隆文化（Mogollon）為西元二〇〇年至一四五〇年間的北美印第安人文化。

任，她一名單身女子也可以勇闖天涯，而她也把這份信任教給她兒子。當我們來到考古遺址附近的小鎮時，母親帶我到車站旁的市場，問了一個在那裡工作的男人，知不知道哪裡有能讓我們落腳的地方。我母親記得那人是如何一團和氣、笑咪咪地稱呼她太太（*señora*）——這是她人生中第一次被人用西班牙語稱為太太，而不是小姐（*señorit*）。他寫下附近一個民宿老闆娘的姓名和地址，接著說：「老闆娘不愛收太多房客，但她會收留一個帶著小孩的媽媽。」

那天下午，將我們的行李留在民宿之後，母親記得她後來帶我去一個小廣場。她記得有其他媽媽帶著小孩在那裡玩。她記得她們很有人情味，有一位媽媽甚至給她一個擁抱，再彎腰以西班牙語跟我打招呼。那位媽媽介紹我認識她年幼的兒子，我們一起跑到涼亭的臺階上玩，我媽媽則加入其他婦女的行列。母親告訴我，在那之前，她不曾嚐過那麼受到一群女性接納的滋味，她以「超凡」來形容那一刻。她的西班牙語很破，而且還是外國來的觀光客，這些都無所謂，她說：「這些都不重要，因為我們都是媽媽。」

第二天，市場裡的那個男人開車載我們去帕魁姆考古區。抵達時，卻發現園區因為考古工作關閉了，但那裡的工作人員看她是個媽媽，又看她帶著孩子遠道而來，便歡迎我們進去走走。我們在裡面走著逛著，我看工人工作看得入迷。不久，我就和他們玩起牛仔和印第安人的遊戲。我會躲在工人附近的岩石後面，接著伸直了手跳出來，作勢對他們開槍，口中發出「砰」的一聲。母親記得一名工人停下手邊的工作，抓著胸口往後倒，假裝被我射死了。她記得我笑得多開心。她記得另一名工人丟下手中的工具，跳到一面古老的土牆後，伸出手來對準我，學我發出「砰」的一聲，而我被嚇得往後一跳。

母親還記得那天下午，我是如何在迷宮般的廢墟間笑著跑來跑去，一會兒追著工人跑，一會兒又被工人追得躲起來。她記得自己看不見我的蹤影，但心裡還是很平靜。她記得她信任我，信任那個地方，信任我們周遭的人。

***

一個炎炎夏日裡，我注意到荷西沒來上班。近午時分，商場的老闆娘黛安來喝她的每日拿鐵。我問她有沒有荷西的消息，她說：「他昨晚打給我，說他母親病危。真是不幸，他請了兩星期的假回瓦哈卡，好見他母親最後一面。」黛安啜了一口她的拿鐵，從敞開的門望向外面的中庭，回憶道：「我知道那種感覺，我母親過世那晚，我就守在她身邊。老天保佑，她在睡夢中安詳地離開。」黛安抬頭望著天花板，又說：「你知道嗎？這是最傷心的事，但對我來講，能在那一刻陪在她身邊很重要。」她把目光拉回來，看著吧檯另一頭的我，我啞口無言，不知能說什麼。黛安搖搖頭說：「不好意思，我只是很為荷西難過，他是這麼好的一個人。」她又啜了一口拿鐵，豎起一根手指說：「我跟你說，他是我們僱用過最好的工人，這三年來，今天是他第一天缺席。」

兩星期後，黛安一樣坐在吧檯喝拿鐵，我問她荷西有沒有消息。她瞄了一眼坐在她左右兩旁的顧客，告訴我說：「他還在瓦哈卡，顧他母親的房子。」我只說了聲：「喔。」那天後來，我忙著把存貨補充到櫥櫃上時，她從敞開的門口叫我，請我跟她到外面去。

我們走到露天停車場，我和黛安一起站在夏日豔陽下。她開始切入正題：「我不想在你的客人面前說這些，但我想荷西要想回到這個國家會有問題了。」我問：「什麼問題？」她望著遠方說：「我們從沒問過他，但我覺得他應該沒有合法居留身分。」我搖搖頭，低頭看著停車場的泥土地說：「但願我在他離開前跟他聊過。」黛安說：「你也說不了什麼，相信我，他非回家鄉不可，擋也擋不住。」我重新抬起頭來，看著黛安說：「他不明白，要偷渡回來不像以前那麼容易了。」我轉頭望向停車場上的車輛，被陽光刺得瞇起眼睛。

我問：「有辦法聯絡上他嗎？」黛安說：「我可以給你他家裡的電話，我最後聽到的消息是他人在邊境，正要設法偷渡過來。」我說：「千萬不要，他不能現在偷渡，不能挑夏天。」黛安看著我。我說：「我得和他談談。」我閉上眼睛，眼前浮現火山石和腫脹的屍體、醫院的床單和焦黑的皮膚。「不，」我低聲說：「不要是荷西。」

＊＊＊

我打到荷西家裡，接電話的是個小男孩。我先自我介紹說是荷西的一位朋友，接著問他：「你是荷西的兒子嗎？」男孩一語不發。我繼續說道：「我和你爸一起工作，聽說他在邊境，想從墨西哥過來。他還好嗎？」長長的一陣沉默過後，男孩終於開口問道：「你要我媽回電給你嗎？」我說：「當然。」接著他就掛斷電話了。

半小時後，我的手機響了。電話另一頭的女人說：「我是荷西的太太盧佩。」我再次介紹說我和他是工作上認識的朋友，並表示我有點擔心荷西的下落。盧佩沉默了一陣，像是在考慮要說什麼、要對我透露多少。我想直接衝口而出說現在太熱了，想過來要再等等，不值得為了搶一時之快賭命。最後，她說：「你打來的時機真巧，因為我才剛跟墨西哥領事館講完電話。他們打來告訴我，荷西兩天前被邊境巡邏隊逮捕了。他今天下午兩點到庭聽訊，他們沒告訴我地點。」我手裡拿著電話踱來踱去，盧佩的語氣很平，彷彿她能做的就是把他們的話複誦給我聽。我問：「今天下午兩點？」她確認道：「對。」我繼續在屋子裡踱來踱去，熟悉的流程和進度在我腦海浮現。我告訴盧佩：「我想我應該知道他會在哪裡，我可以再打給妳嗎？」

***

我和摩拉里斯已經好幾個月沒見面、沒講話，但我還是打給他了。我問：「嘿，老兄，你還在法院上班嗎？」他說：「當然，但我今天休息，怎麼了嗎（*por qué*）？」我說：「我想我有個朋友要被送去流線[24]法庭了。」他說：「靠，

24 譯註：美國自二〇〇五年起對偷渡客實施流線管制（Operation Streamline），在此之前，偷渡客直接遣返，不會留下犯罪紀錄；在此之後，偷渡客納入美國司法體系，以刑事案件送交法庭審理。

退出巡邏隊幾年，你的朋友就全變成濕背佬了？」我還在想要怎麼回敬他，他就說：「開玩笑的啦，我懂。」我反擊道：「你當然懂，你以為我不記得你在道格拉斯邊界長大的嗎？靠，搞不好連你都不知道自己就是濕背佬。你去法院上班的時候最好不要忘了穿制服，老兄，不然他們搞不好會把你遣返。」摩拉里斯大笑道：「好啊你，夠嗆的！」

我問摩拉里斯，流線訴訟是否仍開放給民眾旁聽，他說：「是啊，嬉皮和抗議人士成天跑來聽，你以前從來都不跑法庭嗎？」我說：「不用，沒去過。」他開始向我說明：「嗯，你知道下城區的法院大樓在哪吧？到二樓的主要法庭——一點半到那裡。」我看看手錶，又問：「我能見到我朋友嗎？」摩拉里斯說：「當然，只要你認得出他來。今天可能有個三、四十人吧，而且每個人都會背對你，臭小子（*pendejo*）。」我問：「他的家人可以去嗎？」他說：「當然。」我告訴他：「我不知道他們有沒有留下案底。」他向我保證道：「那不要緊，沒人會去動他們的。」我又問：「那他們能跟他說上話嗎？」摩拉里斯斷然回道：「不行。但你如果坐在法庭的右手邊，牆壁旁邊的前兩排，等法警押他出去的時候，你應該能讓他看到你。」

***

盧佩和我在法庭外第一次見面，她和她教會裡的牧師及三個兒子一起來。三個兒子分別是十五歲、十歲、八歲，上課上到一半從學校被叫出來，希望能在法庭上見父親一面。我為這一家人拉開法庭的門，打手勢請他們到右邊靠牆的座位。我悄聲說：「要坐前排！」我們走進法庭時，訴訟剛開始，而我一進去就注意到那股氣味——我已經幾年沒聞到了，那是幾十個在沙漠跋涉數日沒洗澡的人，皮膚被太陽烤得大汗淋漓的濃烈體味。法庭就像大教堂，天花板挑高，鮮豔的樑柱漆成藍綠色和橘紅色。法官高踞法官席，黑色的袍子露出蒼白的小臉，坐在美國大老鷹的巨形標誌底下。巨鷹的頭撇向一邊，像是別開目光不看。

我坐在盧佩旁邊，她緊緊摟著老么，老么一旁坐著長子。牧師帶著二兒子坐在我們後面。法官開始對坐在他面前的四十多名被告發言，被告多數是男性，全都戴著黑色耳機，聆聽口譯員的翻譯。法官直接進入主題：「你們全都被控兩項罪名，我知道你們每一個人對非法入境的輕罪都有意認罪，承認自己經由美國移民局並不許可之處偷渡。作為認罪之交換條件，政府同意撤銷在遣返後重複非法入境之重罪。」有幾個男人駝著背，把耳朵上的耳機貼得更近。法官繼續說：「你們務必清楚這一點，若是清楚了，請以起立表明。」法官停頓一下，所有人全都站了起來，有些人站得抬頭挺胸，像在跟法官對抗；有些人卻幾乎站不起來，一副垂頭喪氣的模樣。

法官繼續說：「此項指控最重的刑度是坐牢六個月，外加罰款五千美元，但政府同意以撤銷罰款換取今日當庭認罪。」我不經意和一名邊境巡邏隊探員四目交會，他怒目瞪視我，彷彿我與他為敵了。我盯著他的綠色制服，看了看他胸上的徽章、腰帶裡的配槍，還有袖子上用熨斗燙出來的直線。法官又說：「你們必須明白，此項指控日後將永遠留下案底，一旦再因試圖入境遭到逮捕，你們就要坐上幾年的牢，不是幾天或幾個月而已。」

我靠過去問盧佩：「你看到荷西了嗎？」她說：「不曉得，我看不到他們的臉。」在她身旁的老么緊張得狂抖腳。她伸手輕輕地按住他的大腿，貼著他的頭髮耳語道：「放輕鬆。」在法庭的底層，被告開始一次五人魚貫離開被告席。五人的腳踝鍊在一起，手腕則銬在腰際。他們站在法官面前，兩旁伴著法庭指派的律師——身穿淺色西裝或套裝的男女，暈頭轉向地在各個當事人間跑來跑去。法官從站在他左手邊的人開始，彷彿照著劇本唸似地說：「阿瑪亞先生，你是墨西哥公民嗎？」「是。」「在二〇一五年八月三十一號當日或前後，你是否從亞利桑那州盧克維爾（Lukeville）附近進入美國？」「是。」「你是從移民局指定的合法口岸入境的嗎？」「不是。」「針對非法入境之指控，你是否認罪？」「認罪，庭上。」

一一對每位被告複述同一組問題後，法官宣布他的判決——多數人都要到城北一小時路程的州拘留中心關押三十天，既有關押時間計算在內。一名女性被告答覆完法官的問題後，在法官宣布她的判決前打斷他道：「庭上，我懷孕了。」

法官停頓下來，左右張望一下，像是在尋求指引。最後他說：「我會在妳的檔案中註記，讓拘留中心的人關照妳。」

看著這些被告拖著腳，走到法庭前方，站在席位前，我頓時發覺自己不曾看過這麼多上了鐐銬的男男女女。我不曾看過一大群這麼卑微的人。我逮捕過無數的男男女女，也處理過無數人的遣返作業。送走他們的時候，我想都沒想過他們會經過這個房間。但就在這裡，在高聳的牆壁之間，在這個巨穴似的空間裡，他們面前似乎有了什麼駭人的事情改變了。面對穿著各色西裝和黑色長袍的異國人士，他們顯得低人一等。而這些穿著體面的人，對沙漠上的暗夜和烈日的灼熱一無所知，他們沒看過無邊無際的岩地、徒步踩出來的小徑、暴露在風吹雨打之下的屍體，也沒嚐過熱得發抖、冷入骨髓、渴得受不了的滋味。我頓時領悟到，無數次交遇的偷渡客、在他們橫渡沙漠來到艱辛的尾端時，未竟之旅總還是有那麼一點熱度，那是偷渡最後的一絲火焰所發散出的黯淡、卻依舊溫熱的火花。然而，到了這裡，在法庭汙濁、翻攪的空氣中，自從被捕以來僅存的一線生機顯然已不復存在，最後的一點活力已在監禁的緩緩打擊下熄滅、消逝。

牧師向前傾，指著一個剛站起來走到法庭前方的灰髮男子，悄聲對男孩們說：「那是你們的爸爸。」男孩們睜大了眼睛，看看男子，又看看彼此。牧師比了一次又一次，著急地說：「那是他，那是他！」男孩們在椅子上往前坐，設法靠得更近一點。三人向彼此確認道：「不是他，不，不是他。」牧師斷然說道：「那是你們的爸爸，你們認不出來，因為他剃了個大光頭，但他的頭髮長了一點點出來，現在有一片短短的髮茬，甚至可以看到他禿了一小塊地方。」三個男孩面面相覷道：「看起來不一樣。」盧佩最後說話了：「是他。」三個男孩目瞪口呆地把手塞在屁股底下。坐在我身旁的盧佩慢慢彎下身去，把前臂放在大腿上，手掌在膝蓋上張開，她的頭埋到手裡，把自己懷抱住輕輕搖晃著。

荷西拖著腳穿過一排椅子時，整個房間充滿了腳鐐輕柔的叮噹聲。當我終於看到他的側臉時，我看到的是一個海上漂流者的面容，他的目光彷彿出於習慣搜尋著地平線，卻不抱希望能看見陸地的蹤影。他身上沾染了汗漬的T恤，寬鬆到將他吞沒，他的身形顯得很矮小、很憔悴，整個人垂頭喪氣地縮成一團，臉上綴著灰白的鬍渣，頭上布滿灰白的髮茬。他轉身時，看到了三個張口結舌的兒子。三人摟著他們的媽媽，媽媽此時終於抬起頭來。他大聲地倒吸一口氣，不敢置信地張大了眼睛。他別開目光又拉回目光，眼神聚焦再聚焦，想要確定自己沒有看錯。孩子們開始輕輕啜泣起來，而我想著自己是否不該帶他們過來。荷西最後看了他的家人一眼，他的嘴巴闔不攏、嘴角扭曲著，眼裡滿是渴望。接著，他猛然來回甩頭，像是做了噩夢，想把自己甩醒。

***

流線法庭聽審過後一星期，我在庭外空無一人的走道上，和法庭指派的律師見面，他告訴我：「這案子我想了很多，」在四十多個毫無例外都被判有罪的非法移民中，唯獨荷西在律師的要求下獲得延期審理，另行安排了一場聽審。律師華特建議盧佩不要出席，他告訴她：「沒有合法居留身分還跑來法庭太冒險了，但三個男孩是美國公民，他們可以過來，不會有問題。」所以，盧佩再次讓男孩們向學校請假，來看銬著鐐銬的父親，並問我能不能幫忙帶他們過來。我說當然可以。

華特繼續說：「你知道，我半夜醒來時想到了馬提內斯先生。倒不是說他的處境比較獨特，這種處境其實很常見。但在法庭看到這麼多人支持他，看到他的家人聚在走道這裡，就是很少見的情況了。」華特沉默了一陣，「我有個兒子，」他比了比荷西最大的兒子說：「跟他一樣年紀。今天早上醒來，我可以聽到我兒子在外面廚房裡。這時我心想，沒有一個父親應該像這樣和家人分開；沒有一個父親應該在早上醒來時，聽不到小孩子在隔壁房間的聲音。」

我坐在一張深色木頭長凳上聽華特說話時，荷西的三個兒子在空蕩蕩的走道上追逐嬉戲。我納悶著，當他們從打了蠟的地板滑過去時，法院寬敞的迴廊在他們眼裡代表什麼？看著他們，我頓時發覺自己對這個地方也很陌生。我想起自己在邊境巡邏隊的幾年間填過的無數文件——自願遣返表格、加快遣返表格、舊有驅逐令恢復申請書，這些文件在辦事員、律師和法官經手後跟著被告移送，穿過這個州，從一間拘留室到下一間拘留室。我也發覺，儘管我在這整個機制裡扮演了一個小小的角色，儘管我在學院歷經一小時又一小時的研習與訓練，但在我交出報告、下班回家之後，我並不知道自己所逮捕的人後來的下場。

有幾分鐘，華特和我默默不語並排而坐。我的腦袋裡滿是問號，但我不想表現得太過好奇，也不想讓華特察覺到我過去效忠於一個立場往往和他對立的單位。我怯生生問他可否解釋一下要求延審的原因。他想了想怎麼解釋好，「這個嘛，」接著開始說明：「我就從基本概念講起。你可能知道，法律有分刑法和民法。與非法偷渡有關的指控屬於刑事指控，所以上星期和這星期的聽審都屬於刑事訴訟的流程。但公民和移民落在民法的範圍內……」聽到這裡，我點點頭，想起自己在學院考試的內容。華特繼續說：「你一定知道多數偷渡客不得享有公民或移民的身分，但荷西在這裡有家，他的三個孩子是公民。這就是為什麼我在上星期的流線聽審中打斷法官，請法官延後荷西的判決。我希望延審可以為他爭取一點時間，讓他去找一位真正的移民律師，看他們能否想出一套說法，到民事法庭上提出抗辯。」我說：「他們是有找到一個人，商場的老闆娘有個朋友是很棒的律師。」華特說：「太好了，是哪位律師？」我告訴他：「伊莉莎白．格林。」他說：「哇，那真是萬幸，伊莉莎白可是有口皆碑。」他瞄了走道那頭荷西的么兒文森特一眼，補充道：「就我所知，她剛生了孩子。」

華特轉頭看著我說：「我先跟你說說今天會怎麼樣。針對非法入境的輕罪，馬提內斯先生還是要認罪，就跟上星期你看到的每個人一樣。作為認罪的回報，政府會給他跟之前一樣的條件——撤銷重複非法入境的重罪，判他監禁三十日。然後咻地，荷西的刑事指控就完結了。事情就在這裡有了改變。服完刑期之後，荷西不會立刻被驅逐出境，而是會進入移民訴訟程序，案子到此變成民事案件。伊莉莎白接手處理一切。在這個階段，荷西一家與她見面商議辯詞。我不清楚移民法的眉角，只知道沒有免費的移民律師。你得付律師費，不會有像我這樣的公設辯護人。」

華特望向走道那頭荷西的孩子們，「你知道，」他說：「看著一個人的人生四分五裂是很難受的。在移民系統裡，很多人都忘了人性，我在這裡每天都看到。」他朝周圍揮一揮手說：「我看著法警和邊境巡邏隊的探員在這裡進進出出，他們老是把這些人物化，不把人當人。」我咬緊牙關，不想暴露自己的身分。

「我認識一個在這裡當班的人。」我告訴他，他問：「哦？是嗎？他叫什麼名字？」「摩拉里斯。」華特咒罵一聲：「靠！我知道他。」他頓了一下：「我不想說你朋友的壞話，但那個摩拉里斯的態度很硬，我一直覺得他有點冷血，把那些人使勁地一拉、推開他們的椅子之類的。」我看著華特，閉口不語。

華特又說：「你知道，身為公設辯護人，我為各式各樣的人辯護過，甚至也為邊境巡邏隊的探員辯護過。我的一位當事人被他在隊上的同袍陷害，因為他太有人性，因為他在執行勤務時表現了惻隱之心。其他探員看他不順眼，因為他沒有跟他們一個鼻孔出氣。你知道嗎，他把一名受傷的婦女從沙漠上揹回來，其他探員就開始覺得他太軟弱了，他們不信任他、不想和他共事，就陷害他說他施暴，弄得像是他在執勤現場打了人。是不是很變態？」我點點頭。華特說：「我告訴你，邊境巡邏隊，還有那些法警，他們好像忘了什麼叫善意。我幾乎從沒見過這些人展現一點人性，或流露一點感情。我不知道他們是怎麼辦到的。白天你都在外面把別人當畜牲對待，晚上回到家你怎麼面對自己的小孩？」

***

身穿鮮橘色囚服的荷西透過耳機，專注聆聽法官對他說的話。

「我知道你有意對非法入境的輕罪認罪，承認自己經由美國移民局並不許可之處偷渡。作為認罪之交換條件，政府同意撤銷你在被遣返後重複非法入境之重罪。」

這次，在中等大小的法庭裡只有幾個人，荷西是唯一一名被告。華特坐在他旁邊，兩名美國法警靠牆而坐，兩人都穿著黑色西裝，其中一人個子很高，滿是痘疤的臉上帶著慍怒的表情，目光輪流盯著荷西和他的兒子們。在法官席旁的小隔間裡坐著一名膚色黝黑的口譯員，低聲對耳機說著西班牙語。

法官繼續說：「你必須明白，此項指控未來將永遠留下案底，一旦再因試圖入境遭到逮捕，將可能被判幾年的刑期，不是幾天或幾個月而已。」坐我旁邊的小荷西在一個信封袋上畫了個火柴小人，跟我咬耳朵說：「看，這是我哥。」

「馬提內斯先生，」法官問：「你是墨西哥公民嗎？」「是。」「在二〇一五年九月一日當天或前後，你是否從亞利桑那州尤馬市附近入境美國？」「是。」「你是經由合法口岸入境的嗎？」「不是，庭上。」「針對非法入境之指控，你是否認罪？」「認罪，庭上。」

***

聽審過後，華特和我又坐到法庭外頭的長凳上，三個男孩在走道上晃來晃去，晃到後來消失不見。他們大吼大叫的回音從廁所傳出來。華特告訴我：「你知道，馬提內斯先生要是沒有出國去看他病危的母親，他就會受到歐巴馬總統頒布的行政命令保護。美國公民的父母本身若非罪犯，歐巴馬的行政命令便賦予他們臨時的身分，得延期驅逐出境。荷西能以自由之身回家。」荷西的三個兒子又從走道盡頭冒了出來，我出聲叫最大的狄亞哥過來，兩個弟弟跟在他後面，推推擠擠地繞著彼此跑來跑去。我問：「你們在廁所裡吼什麼？」狄亞哥說：「我不知道，吼著好玩的，因為有回音。」

突然間，法庭的門在我們面前打開，高個痘疤男子邁著大步走了出來，他緩緩朝著現正坐在長凳另一頭的三個男孩走了過去。他站在那裡，伸長了脖子，面對面一一看了看他們，問道：「裡面那位是你們爸爸嗎？」狄亞哥溫順地說：「是呀。」男子頓了一下，說：「嗯，你們家老爸的事，我很遺憾。有時候，我很為你們這些人難過。」他低頭看看自己胸口，伸出他的大手從衣領上解下一顆小小的胸針。他把胸針捏在指間，然後朝狄亞哥伸直了手，像是飛行員向小男孩獻上他的翅形徽章。狄亞哥接過胸針，男子就轉身走回法庭了，留下狄亞哥仔細端詳著掌中的小東西。

「有意思，」華特說：「我成天看到那男的在這裡出沒，從沒見他這麼真情流露過。」華特搖搖頭：「這還是我第一次在這裡目睹到善意的表現。」我朝華特挑起眉毛，告訴他說：「有些人比表面上看起來更有溫度。」

後來，帶著男孩們離開法庭時，我問狄亞哥可否借我看看那枚胸針。他停也不停只顧往前走。二兒子小荷西蹭蹭狄亞哥的肩膀，慫恿道：「給他看嘛。」狄亞哥心不甘情不願地伸手到口袋裡，把胸針拿出來牢牢握在拳頭裡，彷彿那是很珍貴的東西。接著，他才鬆手讓胸針掉到我手裡。胸針很重，真銅打造，「美國法警」四個字圍著一顆小星星。一枚迷你的徽章。

***

我母親告訴我，在她的成長過程中，她總覺得身為墨西哥人很可恥。她的母親是德國和愛爾蘭混血的美國中西部人，而她的父母早在她開始有記憶之前就分開了。她母親儘管愛上了墨西哥人，儘管住在充滿墨西哥流風遺俗的西南部城鎮，儘管周遭都是墨西哥移工和鄰居，面對墨西哥人時還是懷有一種優越感。小時候，媽媽說她很髒、很懶、愛說謊，都是因為遺傳到墨西哥人。如果她有野心、有衝勁、有目標，媽媽就說她遺傳到了愛爾蘭人的工作倫理和德國人的嚴謹。即使年紀漸長，每當她做事拖拖拉拉、每當她有事想延期，內心就會充滿羞恥的感受，彷彿在和自己潛在的劣根性對抗。

她母親只給過她一張她父親的照片。照片中的他很年輕、英俊，側臉對著鏡頭，黑溜溜的眼睛瞇起來望向遠方。他穿著墨西哥牛仔的傳統服飾，頭戴一頂寬草帽，脖子上鬆鬆地繫了一條領巾。他的左手托在下巴前面，掌心朝上，勾起來的手指之間夾著一根香菸，菸頭已有一截等著掉下來的菸灰。

母親會凝視著這張照片，內心洋溢著對父親的孺慕之情。她把他想像成一個愛冒險、衝鋒陷陣、神祕又堅強的人。她想像與他見面的情景。最後，在她滿十七歲的夏天，開車到他位在聖地牙哥的家。當時她穿上了她最貴的鞋子和最好的墨西哥洋裝，一件白褐相間的格紋連身裙，裙襬滾了一圈黑色蕾絲。站上他家門階時，她簡直按捺不住激動的心情。她父親是一則傳奇。她敲敲門，期待門裡走出一位身材高䠷、穿著高雅的翩翩紳士。等到門終於打開時，她看到的卻是一個禿頭矮子咧嘴笑著，軟趴趴的大肚腩凸出來，上半身穿一件白T恤，下半身搭配一條破舊的打褶褲。

年輕的母親發現她父親是個受到家族和傳統束縛的男人，住得離他兄弟姊妹幾呎而已，成天待在室內為郵局整理郵件，鮮少出遠門。在她看來，他這輩子大概從沒冒過險。期待了一年又一年之後，她發現自己以父親為恥，她發現自己仍舊以身為墨西哥人為恥。

要到後來，才剛成年的她開始在國家公園生活、工作時，才體會到世居一地是如何讓人在文化中扎根、讓他們在這片土地上安頓下來。在田納西州的大煙山（Great Smoky Mountains），在德州西部的農場和牧場上，在科羅拉多高原的峽谷地，她看到當地人是如何深愛那片土地，又是如何受到那片土地的塑造。最後，她來到位於亞利桑那州和墨西哥索諾拉州交界的科羅納多國家紀念公園（Coronado National Memorial），與園區負責人成了朋友。這位主管以出身墨西哥為豪，同時具有美墨兩國的公民身分。他曾在墨西哥當過多年的校長，但在科羅納多國家紀念公園這裡，他看到的是一個具有國際性重要意義的地方、一個訴說他身世的地方——西班牙探險家弗朗西斯科．巴斯克斯．德．科羅納多（Francisco Vásquez de Coronado）取道此地，跨越日後成為國界的炎熱之地；這座公園紀念著兩種文化激盪不息、衝撞不已的開端。

母親很快就對這位朋友敞開心扉，人生中第一次，她向人說出自己一輩子以墨西哥血統為恥的心事。他對她笑了笑，告訴她說事情就是這樣。「第一代移民拚了命要離開祖國、前往一個新的國家，力圖受到這個新文化的接納。抵達以後，他們往往發現自己受到排擠，白手成家的他們，只要能有一個立足點，什麼都肯做。不管自己會不會，他們知道孩子一定要會說英語。有時他們甚至做過了頭，勸阻孩子說母語。他們要孩子去念好學校、去認同新文化、去得到他們得不到的一切接納。」他一邊會意地看著我母親，一邊繼續解釋：「到了第二代移民，可能覺得自己和父母輩的文化相距遙遠。或許在成長過程的不知不覺間，父母教他們把舊有的文化拋開，所以他們內心深處很抗拒原來的出身背景。」

他接著說：「第二代移民往往是在新的文化中形成自己的身分認同，而不是以舊的文化為基礎。到他們生兒育女時，第三代通常完全受到接納。他們得來容易，完全表現出這個祖父母輩挑選來的國家文化。」他補充道：「然而，第三代長大成人之後，他們往往會開始尋求自己的獨特之處，這時，他們便回溯到自己的出身背景、尋求使他們與眾不同的傳統，卻驚覺傳統已經失傳。他們發覺這一路走來，似乎有什麼東西在半路上遺落了。」

母親告訴我，當我出生時，她想起這個朋友說的話，她想起在整個成長過程中，她是如何背離了自己的身分認同。「我不要我的兒子跟我一樣，」她告訴我：「我要你以自己的出身為豪，我要你從自己的出身當中找到力量。」

***

在伊莉莎白・格林的律師事務所外面，我坐在我的車上，想著我這是在幹嘛，我扮演的是什麼角色、又是按什麼規矩跑來這裡。我坐在駕駛座上讓車子發動著，隨著電台音樂緩緩搖頭。最後，我告訴自己：「道理很簡單，這就是朋友。」

入內之後，櫃檯人員指示我到樓上的會議室。一進會議室，我發現伊莉莎白和黛安已經坐在裡面，隔著桌子面對彼此，聊著伊莉莎白剛出生的孩子。我向黛安打招呼，並向伊莉莎白自我介紹，說我在黛安那裡工作、是荷西的朋友。黛安朝伊莉莎白靠過去說：「他會說西班牙語，他幫了荷西一家人很大的忙。」伊莉莎白說：「真好。」我在靠近桌子尾端的地方坐下，旁邊有一扇面向西邊俯瞰群山的長窗。我聽著兩位女士的談話，瞥了一眼時鐘，盧佩遲到了。「晚上很難入睡，」伊莉莎白跟黛安說：「我聽到他在隔壁房間哭著找我，簡直就像我能隔著牆壁聽到他呼吸似的。」

我的手機響了，盧佩到了，但是找不到事務所在哪裡。我說了聲抱歉就到外頭去，在停車場找到她和牧師。我向他們兩人打招呼，並對牧師說：「很高興再見到你，你能來真好。」

到了樓上，伊莉莎白向我們所有人打過招呼，並請我們坐下。她開始用西班牙語直接對盧佩說話，說得很慢、很小心。她說：「很不幸荷西的處境並不少見。」她環視會議室一圈，又說：「但這麼多人為一個案子聚在這裡就很少見了，通常只有近親才會來參與這樣的會議。」伊莉莎白看看盧佩，接著伸手對我、黛安和牧師比了比，說：「荷西一定深得你們的心。」盧佩看著我們，雙手在腿上交握。伊莉莎白繼續說：「今天我想和你們聊聊荷西的事，找出讓他留下來的最佳策略。」她告訴盧佩：「我們會盡一切可能。」伊莉莎白把一隻手按在會議桌上，再次強調道：「盡一切可能（*todo lo posible*）。」

伊莉莎白改說英語，並看了我一眼，問道：「你不介意幫忙翻譯吧？」我說：「不介意，當然不介意。」她接著切入正題：「有幾件事我要說清楚。首先，我要直接降低各位的期待。這個案子很棘手，不是不可能，但非常困難。」她看看桌子對面的黛安說：「我也想說清楚，即使荷西可以留下來，他也不可能再回去為妳做事，因為到了這個節骨眼上，妳當然很清楚他的非法身分。」黛安搖搖頭說：「太可惜了，荷西是很棒的員工、很好的一個人。」伊莉莎白說：「嗯，很少看到雇主對員工關心，甚至願意來開這種會，很少有雇主支持員工打居留官司。」黛安聳聳肩說：「我本來是真的以為他該有的都有了、該辦的都辦了，一開始我們是以單獨的契約方式僱用他，該填的文件他都填了，也有社會安全號碼，每年到了年底，我們都會給他一〇九九報稅表。在他為我們工作了一個月又一個月、一年又一年之後，我也不曾想過他怎麼從沒要求過任何福利、從沒要求列入工資名單。或許他不想讓事情明確，想要保護自己、不讓我們發現他的身分。」黛安環視圍桌而坐的眾人說：「我就是不曾想過。」

伊莉莎白靠在桌上，對黛安說：「照妳說的看來，妳在法律上沒有做錯任何事。但我要妳明白，即使是在最好的情況下，荷西也沒有機會獲得合法居留身分。我想跟你們說清楚，但最主要是想跟盧佩說清楚，我們這個案子要爭取的不是身分合法化。在現行的法律之下，直到荷西的長子年滿十八歲、能為父母的公民身分作保之前，荷西都沒有別的管道取得合法身分。再者，因為荷西在一九九六年有過被遣返的紀錄，所以我們的選擇不多。」

伊莉莎白轉頭面對盧佩說：「我想先問幾個問題。」她看我一眼，我開始翻譯。「首先，除了曾被遣返，荷西有沒有任何前科？」盧佩搖頭道：「絕對沒有。」她看看牧師，輕聲坦承道：「以前他愛喝酒，」牧師垂下頭來。盧佩接著說：「但他從沒惹過事，感謝上帝。打從我們長子出生以來，他就一杯酒都沒喝過。」「很好，」伊莉莎白說：「接下來的問題，妳可能很難回答，但這個問題很重要。妳、荷西或三個兒子，在美國這裡是否曾淪為暴力犯罪的受害者？」盧佩低頭看看自己的手，她的雙手依舊在腿上交握。她說：「沒有，從沒這回事。」

伊莉莎白總結道：「所以，我們剩下兩個選擇。第一個是荷西主張他很害怕回墨西哥。若是如此，他就要接受篩選面試，看看他有沒有資格申請政治庇護。在保釋出獄之前，他要服滿六個月的非法移民羈押刑期。」

盧佩看著伊莉莎白說：「不好意思，『很害怕回墨西哥』確切是指什麼？他當然會有害怕，怕那些暴力、犯罪、貪汙什麼的。」伊莉莎白拿一枝鉛筆敲著筆記本，說：「當然了，抱歉沒講清楚，我所謂害怕是指更具體的東西。比方荷西收到毒梟或其他幫派團體的死亡恐嚇，比方荷西是某些地方受到迫害的少數族裔或政治弱勢，又比方他有親屬之間或不同家族之間爭土地、流血的世仇，諸如此類的。」

盧佩低下頭，握緊了雙手，搖搖頭說：「沒有，他沒有這些問題。」伊莉莎白把她的鉛筆放在筆記本上，沉吟道：「嗯……我會去拘留中心見荷西，和他聊一聊，確定一下情況。但把話說白了，申請政治庇護的最終目標不是要贏，從墨西哥來的人幾乎沒有一個贏得政治庇護的，實際獲得政治庇護的墨西哥案件數只占百分之一。但這個過程可以爭取時間，也有助於請求延緩遣返令。」我將伊莉莎白的話翻譯成西班牙語，盧佩只是面無表情地望著我。

伊莉莎白繼續說：「所以，接下來是我們的第二個選擇，那就是在某些行政命令的保護之下請求延緩遣返。非法移民若是美國公民的父母，而且沒有前科，那就可以受到某些行政命令的保護。當然，問題是荷西在一九九六年曾被驅逐出境，更麻煩的是他最近出境後又重新非法入境美國，這意味著他現在被視為『近期再犯者』。即使是在行政命令的保護之下，近期再犯者也位列優先遣返名單。所以，我們要做的是設法遞出一個漂亮的控方自由裁量案，意思基本上就是說，我們要向法官提出所有荷西應該獲准延緩遣返的強力理由，儘管他才剛再犯過。我們的目標是把荷西保釋出來，還有，基本上我們是要利用訴訟程序爭取時間，希望未來有更好的政策出現，希望最終能迎來移民法案的改革。荷西還是不會有工作許可證，他還是要活在陰影底下，但他會受到保護，他可以安心留在這裡，如果這麼說聽起來有道理的話。」

伊莉莎白環視整間會議室，輪流看看黛安、盧佩、牧師和我，接著又說：

「所以，我需要你們為我做幾件事——盧佩，我需要妳給我所有能確立荷西在美國生活、工作了多久的文書資料，像是能證明他受到僱用的薪資單和稅單、房屋租約、水電瓦斯等公用事業合約，或是任何荷西長期在此定居的證據。荷西來美國多久了？」盧佩想了想，答道：「三十多年了。」

伊莉莎白看起來很驚訝。她說：「嗯，如果妳能提供相關文件，確立他持續在這裡待了三十多年，那對他的申請來講會很有幫助。」她又說：「此外，我們也需要三個小孩的相關合法文件——出生證明、成績單、病歷。病歷很重要。你們家三個小孩有沒有任何健康問題？」盧佩看看牧師又看看我，接著開始娓娓道來：「最小的兒子文森特腦子有點問題，他有說話障礙。」她看著地板，又說：「小荷西有氣喘，而且一年半前出過車禍，現在有一隻腳還是跛的。最大的兒子狄亞哥有腦膜炎。」伊莉莎白說：「我很遺憾聽到這些事情。對荷西的申請來講，所有相關文件都很重要——針對他們的疾病，任何妳能提供的證據都對案子有幫助。」

伊莉莎白轉向我、黛安和牧師說：「另一個對案子有幫助的資料，就是你們對他的優秀人品提出證詞——目前和過去的雇主、房東、鄰居、教友和親屬的推薦函，尤其是有合法居留身分的推薦人。推薦函越多越好。荷西以教會成員或其他身分參與的社區服務，若能提出證據也會有幫助。推薦人要寫明自己認識荷西多少年了、為什麼贊成他留下來——品行、工作倫理等等，最好能舉例說明。推薦人要具體羅列荷西讓他們敬佩之處，或將荷西刻劃成一個在他們心目中很獨特的人。推薦人若是熟知荷西被遣返會對他的家庭造成何種困境，那也應該寫進推薦函裡。」我一邊聽伊莉莎白說話，一邊望向窗外的群山，想著這樣的困境要如何訴諸文字。

「最後還有一件事，我必須直說，」伊莉莎白說：「那就是我們要先收一半的律師費，亦即共四千美元的費用，先收兩千美元。」黛安說：「我們會付一半，我和我先生已經決定好了。」盧佩瞪大了眼睛，眼裡映著從窗戶篩進來的陽光。牧師在他的椅子上把身體往前傾，將兩隻手臂撐在會議桌上說：「教會會幫盧佩付剩下的那一半。」伊莉莎白微笑道：「好極了。」盧佩環視整個房間，不知該說些什麼或該作何反應。

伊莉莎白問我們還有沒有什麼問題？黛安把手舉到她的臉頰近處，說：「現在問這種問題或許不是個好時機，但萬一荷西的案子遭到駁回呢？」伊莉莎白說：「這樣的話，他當然就會被送回墨西哥，而且動作會很快，一頒布遣返令就會立刻執行。有時候我們甚至不知道，要到事後才知道官方已經做出了決定，甚至當事人已經被遣返走了。移民方面的裁決不是在法庭上進行，所以我們不會在法官面前進行訴訟。我們只是把文件遞出去，他們關起門來做決定。」

「如果荷西被遣返，官方的判決當然就會出現在他的紀錄上。如此一來，未來他就更難取得合法身分了。隨著這次遣返，他會收到五年內不得再入境的禁令。」黛安嘆了口氣，問說如果他又試圖偷渡呢？伊莉莎白拿起她的鉛筆說：「那他每次被抓到都要坐更久的牢。下次就不止是三十天，有可能是六十天，再下一次就變成九十天。還有，他會被禁止入境十年，再來是二十年，以此類推。」

伊莉莎白看著盧佩，接著示意我準備好繼續翻譯下去。她說：「我想讓妳明確知道自己的丈夫人在哪裡。罪刑聽審時說的三十天刑期，他會在州立拘留中心度過。」盧佩對我點點頭，接著又對伊莉莎白點點頭。伊莉莎白繼續說：「在那之後，他們很有可能還在考慮荷西的案子，若是如此，他就會被安置在附近的移民拘留中心。」伊莉莎白在一張紙上潦草寫下一組數字遞給盧佩，並說：「這是他的囚犯編號，妳跟牢裡接洽時需要這組號碼。」伊莉莎白拿鉛筆在筆記本上敲了敲，問說還有什麼問題嗎？盧佩說：「只有一個問題，三個男孩能不能見他們的父親？」伊莉莎白坐在她的椅子上往後靠說：「可以，拘留中心允許探視。」她把鉛筆放回桌上，又說：「但他們會檢查身分，所以妳去並不安全。妳得找人帶孩子們過去。」

***

一大清早，太陽還沒露臉，我開車在拖車屋住宅區繞來繞去，找尋荷西的家。我最後找到了——泥土地上一棟雙拼拖車屋，有兩扇門，旁邊有一台垃圾車。屋內電燈沒開，兩扇門我都敲了敲。等了幾分鐘後，我又敲得更大聲，直到終於聽見裡面有窸窸窣窣的動靜，一盞電燈亮了起來。盧佩把門打開，露出一抹虛弱的笑容，臉上仍有濃濃的睡意。她說：「狄亞哥在準備了，馬上就出來。」我問：「就他而已嗎？」她說：「對，兩個小的要休息。」

上了車之後，狄亞哥很沉默。我問他吃過了嗎？他說不算吃過。我們停在麥當勞，我點了個豬肉滿福堡，狄亞哥點了兩個香腸早餐捲餅。我們在等車窗搖起時，他把錢塞給我。我說：「不用，我付就好。」他說：「不，我媽給了我早餐錢，如果讓你出錢，她會很生氣。」我笑了笑，說：「好，好，那就謝謝你請我吃早餐了。」

他打開捲餅的包裝紙時，我說：「你知道嗎？以前你爸每天早上來上班都吃一份捲餅當早餐，他總是分一半給我。」我望向窗外的馬路，咬了一口我的滿福堡。我問狄亞哥學校怎麼樣、他有什麼興趣。他說：「我喜歡踢足球。」我說：「哦？是嗎？你支持哪一隊？」他說：「我沒特別支持哪一隊，只是愛踢著玩而已。我和兩個弟弟在公園踢足球，我爸以前會帶我們去。我也參加了教會的足球隊。」他再咬了一口捲餅。我問說：「你踢什麼位置？」他說：「我踢前鋒，就是負責射門的那一個。」

開了將近一小時後，太陽終於從地平線上冒出頭來，將第一道晨光灑在平坦的沙漠和休耕的農地上。我們把車速慢下來，駛進有大樓和房屋的地段，很快就看到遠方聳立的監獄建築群。我們穿過寧靜的街道，行經一所中學、一座貿易站、一間義式餐廳，直到最後抵達小鎮邊緣另一頭的集體拘留中心。中心外頭，白色的巡邏車上有一名警衛，在大門口檢查要去停車場的車輛。我搖下車窗，告訴他我們是來探監的。他問是哪一棟監獄，我報上我抄下來的資料。他說那一棟要到九點才開放探監。我說：「真的假的？可是網路上說……」警衛打斷我，重複道：「上午九點整。」我看看狄亞哥，再看看警衛，問他有沒有可以讓我們坐下來等的地方。我感覺到他透過墨鏡瞪視我的目光。他說：「鎮上有快餐店，你們可以去那裡等。」

我們開進快餐店的停車場時，時間將近七點。狄亞哥和我默默坐在靠窗的座位，琥珀色的陽光灑在柏油路上。一名女服務生拿著兩份菜單和一壺水晃了過來，說：「早安，我敢說兩位男士肚子餓了。」我抬頭看她，面露微笑說：「老實告訴妳，我們才剛吃飽。我們在等探監的時間到，妳一定常碰到這種客人吧。」她說：「有時候囉！」我說：「呃，我們可否喝個咖啡、點個小東西就好？」她微微一笑，朝著吧檯前戴著牛仔帽的壯漢點點頭，他是除了我們之外唯一的一位顧客。她說：「有生意就是好生意。」

女服務生收走菜單，再度留下我們望著窗外。我問狄亞哥：「爸媽讓你喝咖啡嗎？」他說：「可以啊，不過我其實不喜歡咖啡的味道。」我告訴他，你老爸都喝香草口味的咖啡加鮮奶油。我轉過頭來看桌子對面的他，這小子懶洋洋地靠著椅背癱坐。他說：「喔，我都不知道，我們早上從來不會碰在一起。」

兩小時後回到監獄大門口，白色巡邏車上的警衛把手伸出車窗，攔下我們的車。我搖下車窗。他說：「監獄關閉了。」我說：「什麼意思？現在九點了。」他說：「E棟有暴動，監獄關閉了。」我看看狄亞哥，又看看警衛，問說要關閉多久，警衛聳聳肩說：「我哪知道？看他們什麼時候暴動完啊。」

***

我安排值班結束時和盧佩在商場見面。我要幫她整理相關文書資料，並送到伊莉莎白的律師事務所。她坐在一張小桌子旁，頭髮俐落地在腦後綁成一個髻。我走近時，她笑著站起來，有點害羞拘謹地跟我打招呼。我們坐下之後，她把一個大編織包放在腿上，拿出厚厚一疊鬆散地裝在牛皮紙文件夾裡的紙張。我匆匆看過去，其中有一九八一年、一九九〇年、一九九三年、一九九四年、一九九七年、二〇〇二年、二〇〇三年、二〇〇五年、二〇〇九年、二〇一二年和二〇一五年的資料，也有荷西的舊身分證、薪資單和W-2報稅扣繳憑單、保單、租約、水電瓦斯帳單、病歷表、付款收據和信用紀錄——鼓鼓的一疊卷宗全部亂無章法地堆在一起，訴說著一份在國家邊緣平凡度日的人生，而這個國家現在要採取與他為敵的行動。

我離開盧佩和那些文件，跟她說我失陪一下。我穿過中庭到黛安的辦公室，敲了敲敞開的房門，聽到黛安說：「請進！」我說：「盧佩來了，她帶來一大堆文件。」黛安應道：「很好。」我說：「事實上，資料有點亂，這裡有沒有比較大張的桌子，我們可以把資料攤開來整理？」黛安說：「當然。」她帶我到大廳盡頭的一間會議室，告訴我說要到下午晚一點才會有人使用，並問我還缺什麼嗎，我說：「或許需要幾支螢光筆和一些資料夾。」她慷慨表示道：「隔壁房間有辦公用品，需要什麼儘管拿。」

接下來兩小時，盧佩和我站在會議桌前，整理成堆的紙張，有些已經褪色泛黃了。這些文件證明荷西在十一歲時入境美國，以及在那之後每一年他做過哪些工作。他賺取最低微的酬勞，當過洗碗工、打雜工、門房、黑手、維修工、農場工人、果園工人、農業機械操作員、地毯工廠的工人、卡車司機和工地臨時工。資料中有他的結婚證書、三個兒子的出生證明。資料也包括了孩子們成長過程的相關證明文件，像是去看了校護、去了地方診所、接受腦部斷層掃描，還有行為健康報告、認知語言治療報告、成績單、老師評語……以上孩子們在成長過程中受到的移民和公民雙重身分的形塑。

盧佩和我把資料一一分類後，我把資料夾清楚標出類別，再把資料依分類放進去。在其中一個資料夾上，我潦草寫下「工作」二字，在另一個資料夾則寫下「居住」二字。在標示「受扶養人」的資料夾中，我把每個孩子個別的資料放進去，而在這些資料夾中，則又細分成「學校」、「醫療」和「公民證據」幾個資料夾。我看到荷西年輕時的證件照，只見膚色黝黑的他頂著一頭蓬鬆的黑髮，在相機閃光燈的照耀下瞪大了眼睛。我看到他三個兒子的證件照，嬰兒肥的小臉蛋圓嘟嘟的。我看到他們剛出生時在醫院文件上留下的手印和腳印。我看到他和盧佩以正體書寫的簽名，一遍又一遍，一年又一年，在一張又一張表格上。

終於忙完之後，我和盧佩一起走回中庭。我們道別時，墨西哥烘焙坊的安娜過來中庭，跟盧佩打招呼。她問起荷西，問起三個男孩，也問了問我手中的一堆文件。盧佩說是荷西的案子要用的，告訴她我要幫忙拿給律師。安娜對我微微一笑道：「你人真好，這樣幫忙荷西一家人。」她碰碰我的肩膀，看著盧佩壓低聲音說：「很難想像他待過邊境巡邏隊吧？」盧佩驚訝地睜大了眼睛說：「哦？真的嗎？」安娜問：「荷西沒告訴妳嗎？」盧佩拖長了尾音說：「沒——」安娜又說：「就是這麼回事，他看到我們在邊境的遭遇，瞧，現在他要伸出援手了。」

我笑著點了點頭，心想真是這樣嗎，我只是想為被我送回另一邊的人做點好事、設法給他們一點微不足道的補償嗎？我想著，如果我要試圖彌補，那怎樣才算彌補？

***

我只敲了一下，盧佩就來應門。她滿臉笑容地說：「早安！這回不像上次那麼早了。」語畢，她就消失在屋裡，我聽到她呼喚狄亞哥的聲音。她手裡拿著文件回到門前，說：「對不起（*disculpa*），你介意也帶小荷西一起去嗎？上回他很失望自己沒跟到。」「當然不介意。」我比了比她手上的文件說：「這些是他的嗎？」她一邊說是，一邊遞給我。狄亞哥從他母親身後冒出來，走到門口站在她身邊。我說：「你快跟你媽一樣高了。」他站直了身子，笑著說：「事實上，我比較高。」他母親玩鬧地打了他一下。他自豪地說：「我快跟我爸一樣高了。」

我們往北朝拘留中心駛去，狄亞哥顧著滑手機，小荷西則在後座用iPod Touch玩足球。每一次射門成功，他就舉手歡呼，然後把他的iPod塞給他哥哥，硬要他看電腦生成的重播畫面。十分鐘後，狄亞哥滑手機滑膩了，他轉身跟小荷西說：「給我玩。」他弟弟哀嚎道：「可是你有手機啊。」狄亞哥說：「手機裡沒有足球遊戲啊。」

小荷西乖乖交出iPod，四下望了望車子裡說：「希望我們在放學前回來。」我轉頭看他一眼，只見他抓著他那張座椅的安全帶。我問為什麼，我還以為小朋友不上學最高興了。他說：「我才不會，我喜歡上學。昨天，我們老師說今天放學前要請我們吃點心，我們甚至投票表決要哪一種杯子蛋糕。」坐我旁邊的狄亞哥舉手歡呼：「射門成功！」他轉身給他弟弟看重播，跟他說：「看，我星期六就要這樣射門。」

幾分鐘後，小荷西從後座往前靠，碰碰狄亞哥的肩膀說：「看，它在飄。」狄亞哥放下iPod問道：「你在說什麼？」小荷西說：「馬路邊上的那個東西，一直盯著它瞧的話，看起來就像它在飄。」狄亞哥看看窗外飛掠而過的路面，又問：「我聽不懂，什麼意思？」小荷西說：「就是那個欄杆啊。」我轉頭看看窗外沿著公路路肩設立的護欄。當我直盯著護欄看，飛掠而過的支撐木樁就模糊成一片，形成鋼架飄浮在半空中的錯覺。我問：「你是說護欄嗎？」小荷西對我笑道：「是啊，它在飄。」

到了拘留中心，我提醒兩個男孩把東西都留在車上。我說：「手機、iPod、皮夾，甚至是你們的皮帶。」我們跟著另一名訪客穿過停車場朝大門走去，來到聳立的雙層柵欄前，柵欄上方還有一圈圈的刺鐵絲。大門前聚集了五名訪客之後，柵欄就在遙控之下緩緩打開。我們走進去，來到安全檢查口，耐心等著柵欄在我們身後關上。上方傳來鳥鳴聲，我聽到一隻哀鴿在監獄屋頂某處引吭高歌。微風輕拂鐵絲網，吹得走道邊一棵無刺仙人掌粗糙的臂膀輕輕搖晃。小荷西用手肘蹭了蹭狄亞哥說：「聽起來像媽媽在跟我們說話。」我看看隨著陣陣冷風顫抖的鐵網柵欄，問他：「你是說風聲，還是說鳥叫聲？」小荷西想了想說：「都有。」

小荷西舉起手來擋住陽光，望著通往監獄的門說：「我有一種似曾相識的感覺，好像我來過這裡。」我問：「真的假的？」小荷西說：「真的，就像在夢裡見過之類的。」他朝走道盡頭的仙人掌走去，我第一次注意到他的步伐有點跛。他抬頭看著柵欄，身上那件哥哥傳給他的寬大T恤隨風蕩漾。

大門最後隨著一道金屬碰撞聲在我們身後關上，一名警衛打開了通往監獄的門。我看著排我們前面的兩名女子通過入口，學她們從櫃檯上拿了一張紙，填妥荷西的姓名、囚犯編號和牢房棟號。輪我到窗口時，我把那張紙交給警衛。警衛臉上留著濃密的白色八字鬍，他一邊打電腦，一邊不自覺地嚼著他的鬍子。最後他問：「你要見馬提內斯—克魯斯？」我說：「是的，長官。」警衛又問：「你們是什麼關係？」我說：「我是他的朋友，這幾個是他的小孩。」警衛又問：「你是他們的監護人嗎？」我把盧佩的委託書遞給他說：「今天是。」他最後問道：「你有他們的身分證明文件嗎？」「有的，長官。」我說著交出男孩們的出生證明。警衛又打了一會兒電腦，接著指示我們把口袋清空，穿過金屬探測器，到等候室去。

二個男孩在硬梆梆的塑膠椅上排排坐。狄亞哥搓著手，小荷西把腳前後盪來盪去。在我們前面進來的兩名女子坐在面對彼此的椅子上。其中一名女子對另一位說：「我喜歡妳的鞋子，是Vans嗎？」另一名女子答道：「是Coach。」問話的女子低頭看腳，扭了扭她的腳說：「我這雙是在一元店新買的。」穿Coach的女子說：「一元店買的鞋也很好啊，妳這雙很可愛。」沉默了一陣之後，穿Coach的女子問對方之前有沒有來探過監。對方說：「來過一次，那次是星期天。」她搖著頭說：「這裡星期天可忙了，我想最好是挑週間來。」我回頭看看男孩，小荷西捧著臉坐在那裡。

為了打發時間，我開始在等候室走來走去，讀著牆上美國矯正公司[25]的海報。其中一張寫著「自殺防治零容忍，英雄力挺零自殺」，另一張寫著「機會在敲門，美國矯正公司在徵人」。另一張海報上畫了個咧嘴笑的黑人：「我相信每個人的人生都需要一點樂趣。我是田納西州的資深獄警小泰瑞．威廉斯。我代表美國矯正公司。」他旁邊的海報上則是一名年長的白人女性，她露出一臉驕傲的笑容：「我名叫瑪莉．包爾邁斯特。我是佛羅里達州的值班主任。我相信學海無涯。我代表美國矯正公司。」還有一張是：「我得以教人如何過得更好。我是密西西比州的護士及木工傑森．羅素。我代表美國矯正公司。」我在這些臉部照片前佇立，想著自己和他們的共同點——徽章、配槍、和人類搏鬥、一點一點受到侵蝕的身心靈。遠處傳來鑰匙的叮噹聲，回音在房間裡迴盪。我轉頭傾聽警衛的叫喚。

警衛發給我們一張張通行證，並指示我們回去開車繞過這棟樓，到另一個入口去。我對一名警衛說：「我不明白，我以為會客在這裡。」警衛說：「這裡只是登記，會客在另一邊。」回到車上之後，為了確保不要跑錯地方，我尾隨穿Coach鞋的女子，開車繞過這棟樓。我再次領著兩個男孩下車，在另一個入口加入前面兩名女子的行列。我們在那裡等另一扇大門開啟。狄亞哥蹭著他的腳，小荷西再次抬起頭來看著柵欄上方說：「真不知為什麼有似曾相識的感覺。」他低頭看著地面，喃喃自語地說：「我受不了這種壓力。」我問：「什麼意思？」小荷西說：「不知道我受不受得了跟我爸說話。」我看看狄亞哥，又看看他弟弟，問道：「為什麼受不了？」小荷西嘆了口氣說：「因為他在牢裡。」

在登記處收下文件的同一個白鬍子警衛，最後終於放我們進監獄門。他收下剛剛發給我們的通行證，指示我們再次穿過一道金屬探測安檢門。警衛帶我們沿

25 譯註：美國矯正公司（Corrections Corporation of America）為管理私營監獄和拘留中心的公司。

著通道走去，他和一名剛下班的同事聊了幾句，讓我們等了幾分鐘。警衛說：「明天D棟見了。」他的同事應道：「見個鬼，我明天休假，我要帶老婆和小孩去棒球場。」警衛嘲笑道：「哎唷喂，瞧瞧你。」

警衛帶我們到門口，在放我們進去之前，他停下腳步對我們交代注意事項：「會客時間四十五分鐘，倒數十分鐘前我會提醒你們。用窗口旁牆壁上的電話跟囚犯交談，每位囚犯有專屬的通話號碼。等到電話鈴響再接起來，否則不會接通。塑膠椅堆在後面牆壁右邊，入內之後就拿一張椅子，出來的時候再放回去。」警衛說話時，我注意到他只看那兩名女子和我，從沒垂下目光看兩個男孩一眼。

警衛把門打開時，我站在男孩後面，示意他們向前。會客室裡燈開得很亮，空心磚砌的牆壁漆成淺棕色。兩名女子率先入內，直接走向那堆塑膠椅。警衛跟著進來，在我們身後關上門，接著就走到房間角落的一張辦公桌，在電腦螢幕後面坐下。男孩動也不動，站在離入口幾呎處，盯著他們的父親。荷西從一面強化玻璃窗後朝他們揮手。他滿臉笑容地站了起來，身體左搖右擺。我蹲下來跟男孩們說：「去吧，我來拿椅子。」

我朝窗口走去時，小荷西已經拿起話筒和他父親說話了。荷西頭髮剃光，鬍子也刮得乾乾淨淨，看起來又是一條好漢，彷彿他在沙漠上少掉的體重都長了回來。我把椅子放到小荷西屁股底下，但他還是站在窗前，急切地向父親說著學校的事和教會裡的朋友。他跟父親說他很想他，家裡少了他很難過。

在我們身後，警衛從他電腦前站起來，放了個什麼東西到桌旁檯子上的微波爐裡。微波爐的面板嗶嗶響，響聲傳遍整個房間。我看著警衛站在那裡，一邊嚼他的鬍子，一邊等他的餐點。在我左右兩邊，我看到兩名女子把臉貼上窗玻璃，和身穿橘色囚衣的男人通話。其中一名女子對著話筒說：「這就是愛。」另一名女子柔聲說道：「外頭沒什麼改變，一切都還是一樣。」

我把目光拉回來，看荷西歪著頭望穿窗玻璃的模樣，看他笑著聽兒子說話的模樣。我看著他嘴部的動作，看他怎麼說話、怎麼笑。我心想，感覺就像在看默片裡的人，儘管離得這麼近，就算他在玻璃另一邊大吼大叫，就算他發出淒厲的呼喊，我也聽不到。

過了約莫十分鐘，小荷西把話筒交給狄亞哥。聽長子聊起踢足球、聊起和兩個弟弟在公園玩，荷西露出溫暖的笑容。狄亞哥說到課業成績、小弟的健康狀況和他怎麼幫盧佩照顧家裡時，荷西的表情變得嚴肅。他不時低頭看地板、閉上眼睛、揉揉眉頭。狄亞哥告訴他：「老媽要做的事更多了，有時她會生我們的氣。但她很好啦，只是累了而已。」

狄亞哥把話筒放在窗戶底下的架子上，對我說：「我爸想跟你說話。」我說：「喔，沒問題。」我抓著椅子站起來，挪得更靠近窗戶一點，再伸手拿起話筒。荷西笑著說：「嗨，帕可！」他的聲音在話筒裡聽起來很微弱、很遙遠。我回他一笑，應道：「荷西，老哥。」

***

早上，盧佩送孩子上學後，就帶著她從親戚、朋友、鄰居、前雇主和教友那裡蒐集的推薦函來找我。我排定一下班就要把推薦函送到律師事務所。她把一整包的推薦函交給我，笑得很不好意思。我注意到她的目光有幾分不安，彷彿她還在設法想像我身為執法人員的形象，彷彿她想從我身上看出一點來自過去的陰影。她說：「你願意這樣幫我們真的太好了。」我搖搖頭說：「沒什麼，荷西是我的朋友。」我別開目光，盧佩朝門口望過去，告訴我說：「我得準備去上班了，我在荷西以前工作的餐廳輪班。」我說：「好吧，我們保持聯絡！」她揮手道別，穿過中庭朝她的車子走去。

值班結束，我就開車到伊莉莎白的事務所，在停車場裡我讓車子發動著，坐著打開裝了推薦函的信封，開始一一瀏覽。有些是用打字的，但大部分是用手寫的，其中有許多寫著西班牙文，開頭都是從「敬啟者」之類的稱謂寫起。他們稱荷西為教會的弟兄、愛家好男人、好爸爸、負責的丈夫、可靠的人，總是辛勤工作，總是全力以赴，總是面帶笑容伸出援手，總是笑得開懷。

其中一封信寫道：「敬啟者，我的名字是布蘭達．柯拉爾。我已在美國生活逾二十五年，如今以美國公民身分為豪。我與我的好朋友、好弟兄荷西相識約三年多。我們上同一間教堂，並共同為接待部門服務。荷西．馬提內斯是大家的開心果。從三個年幼的兒子看得出來，他是一位負責又慈愛的父親。荷西．馬提內斯是個勤奮向上的人，做事從來不曾虎頭蛇尾。將這樣一位辛勤的工作者、負責任的父親、一等一的好朋友驅逐出境，實乃大錯特錯。敬請參酌我的證詞，如有任何問題儘管與我聯絡。」

荷西的另一位教友則寫道：「荷西是好爸爸、好丈夫、好員工。他是好公民的好榜樣。他總是在幫助別人，不曾尋求他人的幫助。」

許多親友刻意用正式文件的口吻來寫信：「我，樂蒂西亞．馬提內斯，特此宣告以下所言字字屬實，就我所知、就我記憶所及正確無誤，否則甘受偽證罪之處罰。敬啟者，我是荷西的姪女樂蒂西亞．馬提內斯，他長年居於本國，不抽菸、不喝酒、不吸毒，是一個很好的人，既負責又勤奮，我由衷希望他有機會和孩子一起留在本國。感謝您撥冗閱讀此信。」

另一個親友寫道：「敬啟者，針對允許荷西・馬提內斯留在美利堅合眾國一事，我，沛德羅・C・馬提內斯相信，基於以下理由，荷西・馬提內斯應獲准留下。他很勤勞，身兼兩份差事。他是一家之主，家人若是沒有他，經濟上和情感上都會陷入困境。他有三個兒子，年紀還小，需要父親參與他們的人生。在我所認識的人當中，他是極為可敬的一位，絕對應該獲准留在這個偉大的國家。」

盧佩跟孩子要來寫作業的橫條紙，以西班牙文寫下她的證言：「我，盧佩・巴德拉斯，特此宣告，荷西・馬提內斯—克魯斯自一九九九年起成為我丈夫。我們育有三個兒子，分別是十五歲、十歲和八歲。我們一直是一個模範家庭，每當先生下了班，全家人就一起行動。他是家中唯一的經濟來源，一個人打兩份工，空閒時間都給了家人。我先生是一位模範父親，也是一位顧家愛妻的配偶。他不菸不酒不碰毒品，一心只為家庭幸福而努力。但現在我們很想他，因為盧佩我近日身體抱恙，無法帶三個男孩去公園玩。我先生每星期三帶孩子們踢足球，週末也把時間都給了我們，帶我們吃好吃的、玩好玩的。現在，我們很想他。我先生給了我和孩子們十六年的愛與幸福，但我們不會回墨西哥，因為孩子們在那裡沒有認識的人，西班牙語也說得不好。他們生在這裡、長在這裡，這輩子都在這裡度過，很難要他們去適應另一個國家。身為父母，我們希望給狄亞哥、小荷西和文森特三個兒子最好的。我們想念我丈夫，因為他在家是個負責的人。身為他的太太，我深愛他，且深深思念他。狄亞哥、小荷西和文森特也很想他。我們愛你，願上帝很快讓我們一家團聚，因為上帝不願意看祂的子民被拆散。」

荷西的小兒子文森特．馬提內斯用格線紙寫他的推薦函，他在頁首歪七扭八地寫下自己的名字。整封信每個字都擠在一起，而且滿是拼寫錯誤和寫反的字母。「嗨爸比我愛你因為你帶我們去公園踢足球我想你因為你帶我們去買東西和帶我們去上班賺錢養我們」。文森特寫的最後兩行字完全無法辨識，像是一堆亂七八糟模擬西班牙文拼字和發音的字母。看得出來有西班牙文的「上帝」（*Dios*），另一個大致看得出來的字應該是「教堂」（*iglesia*）。最後，文森特倒是很清楚寫了一句「我很想你」（*te extraño mucho*）。

小荷西用了兩張半的紙。其中一張是他寫給父親的短信，很像他弟弟寫的那一封。在短信的下方，他貼了一張他的照片，是可以放進皮夾的尺寸，照片邊緣已經破破爛爛的了。在第二張紙上，小荷西畫了三個在足球場上的火柴人，分別寫上「媽媽」、「弟弟」、「大哥」，這三個火柴人面帶愁容。底下是另一排幾乎一模一樣的火柴人，只不過這一排面帶笑容，旁邊還多了一個寫著「爸爸」的火柴人。

狄亞哥寫了一封連續數頁的長信。滿滿兩頁半，是所有推薦函中最長的一封。從開頭的段落看來，狄亞哥似乎知道他父親可能不會看到這封信或讀到他的文字，而且他盡力保持正式的語調。「親愛的敬啟者，你們好，」信件一開頭就這麼寫道，「我是荷西．馬提內斯的十五歲長子狄亞哥．馬提內斯。我有兩個弟弟，一個十歲、一個八歲。我努力要讓兩個弟弟快樂，買他們想要的東西、逗他們開心。言歸正傳，我爸爸荷西是我所認識最好的人，他就像我最好的朋友和父親。我非常尊敬我父親，他是任何一個小孩都想要的父親。在第一次開庭的時候，我媽和我們全家在法庭上看到他都崩潰了，每個人都哭了。第二次開庭，他工作上的朋友帶我和我弟弟去。我的情緒很崩潰。一聽到他的聲音，我就熱淚盈眶。我很想我爸。在我們情緒低落時，他知道要怎麼鼓勵我們。他星期一和星期三帶我們去公園，跟教會的朋友踢足球。他和教會裡的每個人都處得很好。我爸是最酷、最好、最虔誠、最體貼的人，總是讓我媽很快樂，總是逗我們笑，每一天他都很聰明也很搞笑。我爸總是面帶笑容，總是盡力幫助有需要的人。現在我爸被關在牢裡，看到他這樣讓我很傷心，我很難過我父親不能跟我們在這裡。只要有人問起我父親，我跟他們說他在坐牢，心裡就很難過。每一封他們寫給他的信都讓我心跳好像停了一樣，每一封都讓我崩潰。他是一個有太太和三個小孩的男人。我多年來的朋友每一個都愛他，因為只要他可以，他就帶我們去想去的地方，去西邊的山上爬山，還有去城裡的公園和很多地方。我爸爸做盡一切讓我們過得快快樂樂，現在我爸不在這裡，我的生活變得很憂鬱、很空洞。這裡有一個空位在等著他。我爸是很負責任的人。小時候，我爸總在我身邊，以後也永遠都會在我身邊。我向神禱告我爸永遠都要好好的。我對我爸的思念難以言喻。爸爸，我好想你。你總是告訴我們不要回頭看、永遠要往前看，謝謝你總是在我們身邊、對我們不離不棄。我們都想看到你恢復自由。教會裡的每個人都很想他，他的兩份工作也都很需要他。每個人都想我爸，沒人想看到他被送回墨西哥。每個人都為你禱告，願主保守你的安全，願你仍是我們認識的那個荷西。爸爸，這個月的二十六日，我們教會有一場足球錦標賽。我會為你射門，勝利的榮光歸於你。是你教我踢足球。是你教我永不放棄。我要為我們贏得獎盃。每天我努力做所有訓練，讓自己更強。無論是誰讀到，謝謝你花時間讀這封信。很抱歉我寫這麼長。那是因為我真的很愛我爸。我們都愛他。他在牢裡我們都很難過。長子狄亞哥・馬提內斯敬上。」

***

從咖啡館下班後，在開車回家的路上，我的手機亮起一則簡訊：「嗨，我是狄亞哥，只是想告訴你，他們今晚要把我爸遣送回去。」

接著，幾小時後，我收到伊莉莎白·格林的電郵：「我剛從遞解官那裡得到不幸的消息，我們提出的控方自由裁量和延緩遣返遭到駁回。我知道沒人想要這種結果。荷西提出的申請很強，我從其他當事人身上都不曾看到這麼強大的支持。他們沒有說明駁回的理由。通知函只說荷西今晚會被遣送回墨西哥。」

我盯著螢幕，想起盧佩和三個男孩，想著荷西今晚會睡在哪裡。

晚上，我收到盧佩傳來的簡訊：「抱歉打擾你，但你能不能聯絡律師？荷西得來看看我們的寶貝，因為他跌倒要動手術。」我立刻回電給盧佩，「文森特在醫院，」她說，「他在公園踢足球跌倒摔斷手，他們要給他的手打鋼釘。」我告訴她：「我很遺憾，只要能幫上忙我都會幫，但妳為什麼要我聯絡律師呢？」盧佩連忙說：「喔，這樣在他們把荷西送回去之前，他就可以來看看文森特。」她聽起來像是在危急的邊緣，是之前我不曾聽過的語氣。我盡量和緩地對她說：

「我們沒辦法跟荷西聯絡上，他現在在移民署的探員手裡，正在押送到邊界，律師不能跟他聯絡。」電話那頭，她「喔」了一聲。我設法擠出一些能寬慰她的話語：「我相信荷西一過了邊界就會聯絡妳。」盧佩沉默了一陣，最後說：「好，我明白了。」

***

夜裡，我在附近街道上顫抖地來回走著，撥了手機給我母親。她問我過得怎麼樣，我不假思索地說很好啊。她最後說：「你聽起來不太好。」我問是什麼意思，母親嘆了口氣說：「我是你媽，我感覺得出來。你變得有距離了。」我聽出她的語氣有點尖銳。「就跟之前的感覺一樣。」最後她說。我停下腳步，告訴她說：「我不明白。」她解釋道：「就像你在邊境時，那些年我知道你心裡很沉重，但不管我問什麼，你的反應都很敏感——我不能問，不能表達我的關心，我沒辦法靠近你。我不想再來一次，我現在沒力氣了。」

我在街邊站了一會兒，望著鄰居們的房子。最後，我在人行道邊緣坐下來，問道：「妳是什麼時候知道的？」母親停頓一下，接著說：「我們的談話開始失去了什麼，我不知道要怎麼形容。」她思索著要怎麼解釋比較好，「我記得在天主教學校的時候聽過一個故事，」她告訴我：「有個很聰明的小孩，是個音樂神童，什麼都會彈。聽到鳥鳴，他就把鳥鳴化為音樂。很小的時候，他就被送去接受修士的調教。進了修道院之後，他們只准他聽自己的音樂，其他什麼也不准聽，包括名作曲家的作品在內。他們要他創作自己的音樂，就這樣過了許多年，他創作出極為非凡的作品。但隨著年紀漸長，他覺得碰到了瓶頸。他求知若渴，亟欲聽聽其他類型的音樂。於是有一天，他從修道院偷溜出去，跑到附近鎮上的音樂廳，在那裡，他聽到了莫札特的音樂。回去之後，他沒有告訴任何人，只是一如往常地創作新曲子。幾天後，修士聽到他彈奏的音樂，便叫他停下來別彈了。他們告訴他：『你破壞了規矩。』他驚慌地看著修士，堅稱道：『不，我沒有，我沒有，我沒有。』他們搖搖頭說：『你有，你發現了莫札特。』他說：

『不！你們怎麼會知道？』他們說：『因為當你在不認識的情況下彈奏時，你彈出了每一位作曲家的音樂，而現在莫札特不見了。』」

母親說完故事之後陷入了沉默。我縮著身體坐在人行道邊緣，手機抵在我的耳朵上。最後，我告訴母親：「是我的朋友，他被遣返了。我覺得沒辦法呼吸，我很擔心他，我很擔心他的家人。這些年來，感覺就像我在一個巨人腳下兜圈子，眼睛直盯著他踩在地上的大腳。但現在，就好像我開始伸長脖子，抬起頭來往上看，這才終於看到了壓毀一切的龐然大物。」

***

電話上，盧佩告訴我荷西很安全。「他人在邊界，」她說：「跟我們一位教友在一起。他在那裡有吃的，也有地方住。」盧佩不斷說著：「感謝上帝，上帝保佑。」她告訴我，荷西還沒決定好下一步，但他要找人幫他再次偷渡。我想跟她說不行，荷西不該拿生命冒險，他應該想想別的辦法。但我也知道，鐵錚錚的事實擺在眼前，他沒有別的辦法可想。所以，我決定保持沉默。

我問盧佩三個男孩的狀況，她告訴我有個叔叔好心答應要帶他們越過國界，去看他們的父親。這位叔叔本身有合法居留身分。她說：「如果能讓他們在監獄以外的地方看到他、抱抱他，那就太好了。」盧佩補充說但願她能自己帶男孩們過去，她也想親眼看看她丈夫。

一星期後，我再致電問候盧佩。我問：「男孩們見到荷西了嗎？」她說：「見到了，除了文森特以外，他的手才剛打上石膏。自從上次在法院見了爸爸之後就沒再見過他，文森特有點難過。」盧佩告訴我，荷西還在邊界，他計畫很快就要再偷渡，或許就是這週末，他說一切都很順利，叫她不要擔心。

幾天過後，盧佩傳了一則簡訊過來：「荷西說他星期天走路穿越沙漠偷渡，但現在我很擔心，因為已經三天了還沒消沒息。」

又過了幾天之後：「早安，荷西回到邊界了，巡邏隊追捕他，但他們一群人分散開來，他沒被抓到，感謝上帝。他全身痠痛又發燒，需要休息。」

＊＊＊

我夢見自己在咖啡館值班，黛安坐在吧檯前喝拿鐵。她指向敞開來的門外中庭那頭說：「看，是荷西！」我往外一看，看到一名憔悴單薄、鬍鬚灰白的男子，漫無目的地沿著走道慢慢走著。我走出吧檯朝他走過去。他戴著一頂黑色棒球帽，灰色的襯衫從他消瘦的肩膀鬆垮垮地垂下來。我說：「荷西，你回來了。」他的眼睛陷進眼窩裡，他的臉黝黑蒼老。「我去了沙漠，」他說：「我有一肚子的故事可以說給你聽。」

＊＊＊

我在超市的結帳隊伍中碰到黛安和她孩子。她一邊想要搶下五歲女兒手中緊抓不放的巧克力棒，一邊對我說：「聽著，我們想送荷西的家人一點聖誕禮物，孩子們義賣自己烤的小點心，想把募來的錢買東西送給盧佩和三個男孩。」我一邊說：「真貼心。」一邊低頭看著黛安的女兒在書報架一旁轉圈圈。黛安問：「你知道三個男孩的喜好嗎？」我告訴她：「我知道他們喜歡踢足球。」她提議道：「那我可以送他們足球用品店的禮券，或許再送目標百貨（Target）[26]的禮券給盧佩。你知道的，她需要什麼都可以在那裡買到，家用品啦、學校用具啦、孩子們的衣服啦。」我笑著說：「那太好了，我相信他們會很感激。」黛安伸手去制止她還在襁褓中的兒子，他正坐在購物車裡啃一條護唇膏，嘆了口氣說：「不好意思。如果我這星期找時間把禮券拿給你，你能幫我送給盧佩嗎？我不會講西班牙語，我們恐怕聽不懂彼此在說什麼。」我點頭道：「當然，樂意之至。」

***

在她家拖車屋門口，盧佩縮了回去，不敢收下我遞給她的信封。她說：「這太貴重了，我不能收。」我告訴她：「黛安的孩子們募了款，他們是特地募來給妳的。」她深吸一口氣，表情無奈地抬頭望向天空。我告訴她：「聖誕節快到了，這是一份禮物。」盧佩對著陽光瞇起眼睛，接著收下信封，低頭盯著地面。「我不知道要怎麼謝謝他們，」她說：「你能告訴他們我有多感激嗎？」

離開前，我問起荷西。她說：「喔，現在可麻煩了，事情不太順利（*un poco difícil*）。」她說荷西一星期前才又偷渡過，這次被邊境巡邏隊給抓了。他沒上法院，他們沒送他去坐牢，但把他送走了，送到離這裡很遠的地方，從下加州的墨西卡利（Mexicali）把他遣返出去。我搖搖頭說：「他們有時候會這麼做，為的是提高偷渡客再從同一個地方偷渡的難度。」她說：「嗯，他還是在試著偷渡回來，但在人蛇集團那裡碰到了一點問題。」「什麼問題？」盧佩十指交握，把手放在腹部，「他只是對人蛇集團有一點陰影。」她頓了一下，又說：「我也有陰影。」

我問她出了什麼事，她望向遠方，絞著手說：「事情就是……荷西動身偷渡

26 美國僅次於沃爾瑪（Walmart）的連鎖大賣場。

三、四天之後，我還是沒有他的消息。一天早上，我接到一通電話，對方說他們需要更多錢，才能送荷西進城。他說荷西在一棟安全的房子裡，但他們需要一千美元，才能帶他走完剩下的路。我叫他請荷西聽電話，讓我確認他說的是真的，但那個人說荷西不在他身邊。他說荷西很好，叫我要相信他，只要再收一千美元就大功告成了。我叫那個人找到荷西再回電給我，只要跟他說上話，我就會付錢。說完我就掛斷電話了。」

盧佩開始放慢說話速度，咬牙切齒似地一句一句慢慢吐出來：「那天上午接下來的時間，我都不知如何是好。我照常送孩子們去上學，沒告訴他們那通電話的事。回家之後，我就在屋子裡到處坐著，苦思了好一會兒自己要怎麼辦。最後，我出門去銀行領現金回來。從頭到尾，我都一直在發抖。」

她繼續說：「那天後來，就在太陽下山前，有兩個男的出現在我家門口。他們說我如果想看到荷西回家，最好立刻把錢交出來。這時三個男孩已經放學回到家了，他們不知道怎麼一回事。我能怎麼辦呢？」盧佩說著，無奈地雙手一攤，

「我很害怕。」她縮起肩膀，把頭撇向一邊，渾身顫抖。我很想伸出手去拍拍她。

「兩個男人拿了錢就走了，」盧佩又說：「他們叫我不要擔心，第二天一早他們就會把荷西帶到。那天晚上，我根本睡不著覺。我不知道該怎麼辦。」盧佩又絞起她的手來。「到了第二天下午，他們還是沒出現，於是我打去前一天他們打來給我的那個號碼。這次是一個不同的人接電話。他說他不知道我在說什麼，叫我最好冷靜下來，最好耐心地等，還說我如果識相的話就不會再打這隻電話，說完他就掛斷了。我都快急瘋了，整個人快失了魂。」

「到了最後，那天深夜，荷西打電話來。他才剛被遣返，人在墨西卡利。他不知道我在說什麼——他從沒待過什麼安全的房子，從沒見過我說的那些人。他氣得打給安排他偷渡的人，質問對方說，『你們拿我太太的錢要幹什麼？難道是要用來把我再偷渡過去、送我回到家人身邊嗎？』對方聲稱不知道荷西在說什麼，叫荷西講話要經過大腦、不要胡亂指控別人，還警告荷西說不要再被他碰到，否則他就殺了荷西。」

盧佩陷入長長的沉默，最後聳了聳肩說：「荷西覺得對方只是嚇嚇他，嘴巴上說說而已。他現在又回到邊界了，不過這次他待在別的地方，在城裡的另一區。」她再次抬起頭，對著陽光瞇起眼睛。「他說他在那裡很安全，但他不太出門，他不想在街上被人看到，以防萬一。」

我問盧佩，荷西是否規劃再次偷渡。她說：「我想是的（*yo creo que sí*），但現在夜裡很冷，而且他得另外找人帶他過來。」她摸摸自己的手臂。「我想他打算等一陣子，等到恰當的時機，等他找到能信任的人。」我別開目光，搖了搖頭，很想跟她坦白，說我但願自己有勇氣親自去帶荷西過來，載他安全地越過沙漠、通過感應器和監視塔、躲過在偏遠的步道和泥土路上巡邏的探員、穿過公路上的檢查哨。我但願我能載著他坐在我旁邊，聽他訴說他對亡母的愛、他對瓦哈卡綠色山脈的愛、他對家鄉街道和拱廊的愛。我但願我們可以一起度過黑夜，開著車子經過遙遠的田野和監獄來到城市邊緣，城裡閃爍的燈火在我們眼前廣大的盆地上綿延。我們一起馳騁在空蕩蕩的街道上，通過無人的十字路口，經過法院和商場，直到我們終於來到這附近，來到拖車屋住宅區，來到荷西的家門口。而盧佩和三個孩子正在屋裡安睡，再也不必害怕醒來要面對這一切。

***

平安夜，我開車回老家與我母親共度。夜裡，我們圍著一棵小樹而坐，兩人各自拆了一份禮物。之後，我們就待在客廳喝白蘭地蛋酒，有一搭沒一搭地聊著。夜越來越深，母親問起荷西。她說：「你好像還是一副疏離的樣子。」我盯著沿人造聖誕樹塑膠枝幹垂掛而下的玻璃燈泡，坦白道：「我不知道怎麼辦。我覺得很痛苦、很受傷，但那份痛苦和傷害不是我的。」母親坐在我對面的沙發上。「就彷彿……」我停頓一下，看看四周，想著要怎麼形容，最後喃喃說道：「就彷彿我從沒辭掉巡邏隊的工作，我依舊是那個壓毀一切龐然大物的一部分。」母親發出嗯的一聲，像是她有話要說，但她要歇口氣再說話。我說：「我離開巡邏隊快四年了，但當我人在法庭時，當我在和律師談話時，當我去監獄探視時，就彷彿我骨子裡仍有什麼東西屬於那個龐大的體制。」我把身體向前傾，雙手抱頭抓著頭髮。

我母親說：「你知道，你可以覺得痛苦。當然，荷西的痛苦不是你的，他們一家人所受的傷害也不是你的。但他是你的朋友，所以，你可以允許自己為他哀傷，允許自己為他不能在這裡而難過。」我搖搖頭說：「可是荷西的狀況不是唯一的，有成千上萬的人就跟他一樣，成千上萬的案子、成千上萬的家庭，事實上，不是成千上萬，而是上百萬了，光想就讓我窒息。」母親點頭道：「確實如此。但對他的家人和你來講，荷西確實是唯一的。確實可能有幾千幾百萬的人處境跟他一樣，但卻是因為他，這些人的處境對你來講才變得具體。對於把一個人遣返出境代表著什麼意義，你不再覺得事不關己。你知道是什麼把他拒於千里之外，是什麼讓他遠離他的家人。那道阻礙離你很近，那道阻礙已經成為你的一部分。」

母親喝了很大一口蛋酒，又說：「你知道，我人生第一份工作是在土桑市的沙漠博物館。我才只是十幾歲的少女，在這世上我最想要的，莫過於成天和動物廝混在一起。博物館裡有個人，是負責照顧爬蟲類的飼育員，他很照顧我，讓我跟著他去所有的展覽室，還讓我幫忙餵那些動物、清牠們的籠子。還記得我每天看他餵蛇——他會取出那些小小的地松鼠，抓住牠們的後腿，把牠們的頭朝檯面上一敲，迅速敲斷牠們的脖子，直接丟給蛇吃，牠們暖呼呼的小身體還在抽搐呢！一天，我試圖搶救一隻地松鼠——我把牠塞進我的包包帶回家。養了幾天之後，我終於明白自己搞砸了，牠被我養得半死不活，我是那個害死牠的兇手。小松鼠奄奄一息，最後我抓起牠的後腿，想學飼育員那樣了結牠的性命。我把牠朝桌上一砸，再把牠往地上一丟。等我終於鼓起勇氣低頭看牠的屍體時，我發現小松鼠還沒斷氣，牠的一隻眼睛突了出來。我驚慌地抓起牠的腿，把牠的頭朝地上敲了又敲，我邊哭邊敲，直到確定牠終於死了為止。」

母親看著我嘆了口氣。迎視她的目光時，我意識到自己一直咬緊了牙聽她說話，還一直留著這個習慣。母親繼續說：「這件事還是在我心底揮之不去，只要活著一天，我就一天忘不掉。」她低頭看她那杯蛋酒。「我的意思是，透過觀摩別人、透過看見暴力受到體制的保護，我們學會了暴力。然後，即使不是出於自主的選擇，暴力在我們眼裡變得很正常，暴力甚至變成我們的一部分。」一邊說著話，母親傾身向前，我以為她是要伸手碰我。

她說：「在你身上那份施暴的潛能，或許你很想擺脫它、把它從身上洗掉，但事情沒那麼容易。」我在椅子上往後坐，抬頭望著天花板，聽母親繼續說下去：「你在邊境巡邏隊待了將近四年，你不只是現實情況的觀察者，而是參與其中的一分子。在一套系統裡待了那麼久，你不可能置身事外，不可能不吸收它的毒素。而且，容我告訴你，它不會慢慢隨著時間消逝，它已經成為你的一部分。所以，怎麼辦呢？你能做的就是找到一個位置安放它，想辦法為它找到一點意義。」

我盯著自己的雙手良久，設法壓下臉上的灼熱感。我想著我的那些夢境，想著我從來不曾對她吐露過的恐懼。最後，我抬頭看我母親，迎視她的目光，告訴她說：「我夢見荷西回來了。他來上班，全身瘦成皮包骨，一臉蓬亂的鬍子，表情疲憊又憔悴。他在沙漠上走了好幾天，或許一星期以上，看起來還是一副茫然若失的模樣。他感覺像是有話告訴我，但我不知道他想說的是什麼。」母親想了想，靠回沙發上說：「你知道，有許多文化相信人的靈魂在夜裡遊走，元神出竅去探訪某個掛念他的人。所以，或許荷西跑來看你了。」母親喝下最後一口蛋酒，「又或許你需要去看看他，」她從對面沙發望過來，對我提出建議：「或許你需要去找他、去聽他說話。」

荷西

瞧，這裡的法律是毒梟定的。你可以看到他們在街上巡邏。我自己就親眼見過，他們的車隊在街坊鄰里間穿梭，他們的人戴著面具、擎著槍站在車後。生活在這裡的每個人都知道誰是老大，他們跟當地的地頭蛇都面熟。如果你在街上講閒話，如果你說了什麼跟毒梟作對的話，小心隔牆有耳。任何人都可能告你的密，你永遠不知道有誰為他們工作。如果有人在街上被綁了或被殺了，大家都裝作沒看見，不會有人報警。這裡每個人都彼此認識，你認識的人當中一定有毒梟的人。這樣你懂了嗎？

每當有新面孔出現在街上，毒梟立刻會知道，他們三兩下就能查出來者何人。他們時刻提防著其他黑道分子，擔心別的幫派會跑來。舉個例，當你聯絡我說你想過來看我，我就去街上的當鋪找伊格納西歐，告訴他說我之前的同事要來拜訪我、看看我的近況如何。我若無其事地跟他提起，像是不經意的閒聊。但我之所以跟他提起，真正的原因是他有人脈，所以一旦有人問起：今天早上跟荷西在街上走的人是誰？去荷西家找他的人是誰？伊格納西歐就可以告訴他們，「喔，別擔心，沒什麼，只是荷西的老同事。」

我把這一切看在眼裡，心裡想著我的兒子們。有一陣子，你知道，兩個月前吧，在我嘗試偷渡一次又一次之後，我終於開始考慮，或許我的家人可以過來墨西哥，待到盧佩和我有辦法取得合法身分為止。我甚至在電話上跟三個男孩提過，他們斬釘截鐵地告訴我，「我們不想住在墨西哥，我們在那裡誰也不認識；我們喜歡這裡，喜歡現在的學校。」他們吹噓著自己的課業成績有多好。小荷西在電話上跟我說他最近的成績，他說：「爸，我只有一科拿B，其他全都拿A！我拿好成績都是為了讓你驕傲。」

認真想想，作為一個好父親，我絕不可能在這裡養育我的兒子。關於墨西哥的環境，我想了很多。這裡的孩子對殺人的事習以為常。沿這條街走過去就有一所學校，我每天都會經過。我看到學校裡的孩子玩打打殺殺的遊戲，他們對彼此說著：「我要殺了你，我是槍手，我是毒梟。」我不禁要想，我家寶貝會接觸到什麼樣的心性？我不要我兒子像這樣長大。

這裡的情況隨時可能壞到更嚴重，小孩子的心性可能會變得非常快。他們看到偷拐搶騙很容易，他們不需要用功念書就能賺大錢、就能獲得成功，於是他們也跟著投入毒品生意，甚至從很小的年紀就開始和毒梟勾結。

墨西哥可以是一個偉大、富有、充滿機會的國家。這個國家有許多領導人才，但他們沒有受教育，他們不受重視，他們最後都去加入黑道。於是，你瞧，這就變成一種循環：如果政府是由黑道主導，這個政府要怎麼照顧它的人民？而如果黑道分子沒受過教育，怎麼能把管理社會的重責大任交給他們？你知道那四十三名失蹤的學生嗎？他們在鄉下的一所大學念書，未來要當老師。他們已經失蹤一年多了，還是沒人知道他們出了什麼事。搞不好被毒梟那些集團給殺了。學生們被控擾亂社會，因為他們積極參與政治活動，因為他們示威要求改善運輸系統、要求得到地方和國家政府更多的支持，但政府在販毒集團的掌握之中，所以政府不關心、不保護這些學生。

這些學生是要被栽培成老師的，他們甚至有可能是未來的醫生、未來的總統，但在墨西哥，受教育沒有意義。如果政府重視這些學生，他們就會查明案情，他們會找出問題的癥結，他們會採取行動修正錯誤，確保一樣的事情不再發生。政府必須對人民負責，政治人物必須竭力保護他們的同胞。但在這裡，我們沒有一個真正的政府。我不會帶我的兒子來這個國家生活。

在美國，至少體制是比較健全的，法律是受到尊重的，貪腐的問題沒那麼嚴重。美國的體制不會讓人沒受教育，不會讓人餓死，不會讓人死後變成無名屍、沒人調查他們是怎麼死的。這就是為什麼我向來教我兒子要尊重當權者、要感謝法律的存在，甚至對警察也一樣。我在美國一間奇波雷墨西哥燒烤餐廳工作了很多年，從最底層的員工做起，站收銀機、收餐桌、掃地。不時有警察來點餐，我總是對他們很友善。他們後來就認得我了，一段時間過後，他們甚至知道了我的名字。我在餐廳裡一路當到主廚，每一個和我共事的人都說我是他們見過最棒的廚子，說我一個人能當兩個人用。警察大人看到我在後面煮東西，還會大聲喊我說：「唷！荷西，你好嗎？」有一次，我趁休假日回餐廳領薪水，我帶著三個兒子一起去，我們一走進餐廳，就看到滿滿一桌正在吃午餐的警察弟兄。他們站起來跟我握手說：「荷西，見到你真好，這三位是令公子嗎？」他們甚至跟我三個兒子都握了手。三個小子覺得不敢置信。我們離開之後，狄亞哥問我這些警察怎麼會認識我，我告訴他，我們只是互相友愛、彼此尊重，如此而已。

那天，我和狄亞哥講電話。他說他想轉班，他覺得老師對他有種族歧視，因為他是墨西哥人。我告訴他，你必須要學會做到老師的要求，如果你覺得她有種族歧視，那就和家人聊一聊、找你的老師談一談。你不能只因為覺得別人歧視你、只因為面對他們很困難就放棄。我試著教我兒子不要被戰鬥消磨了心志、不要向惡勢力低頭，在人生中，他們必須努力讓自己成為一號人物。

盧佩和我結婚時，牧師告訴我們，共組家庭、養兒育女很重要，讓孩子們看到父母在一起很重要，擁有一個關係緊密的家庭是很珍貴的。一家人就該在一起。要是我不得不留在墨西哥，我太太必須獨力撫養三個兒子，他們得到的愛和關懷就會比較少，一個家就漸漸沒了家的樣子。為人父母是一件雙方共同的工作，你必須要親身在場。在牢裡時——就是你帶三個男孩來看我的那個地方——我有很多牢友都是跑回墨西哥去看臨終的親屬，他們在美國也有家庭，他們在兩邊都有家人。我看到一旦被迫和家人分開，許多人就陷入憂鬱或冒出其他的健康問題。牢裡有個人的處境和我一樣，他告訴我，他不在的時候，他太太憂鬱到整個人都崩潰了，必須送去醫院才行。

美國有些政治人物以為只要把媽媽或爸爸遣返，一家人就會跟著搬回墨西哥。但事實上，重視家庭價值的父母親會想讓家人留在美國，他們會一次又一次偷渡回來和家人重聚。所以，你瞧，同樣的人累積了越來越多被遣返的前科，這些是對家庭最投入的人，他們和政府之間有越來越多問題，而他們也越來越難取得合法身分。如此一來，美國把可能成為最佳公民的人變成了罪犯。

我欠美國很多，你知道，我是說真的。美國給了我很多。我母親用我從美國工作賺的錢，在瓦哈卡蓋了她的房子。我覺得自己在美國很受庇蔭，所以我不想跟政府起衝突。我想取得身分，我想找一個律師，我想成為合法公民。

坦白說，我對美國還是很感激。如果我因偷渡被逮捕，我明白那是體制的一部分。我知道自己是非法偷渡。但你瞧，這件事很複雜，我知道自己觸犯了法律，但勢必得這樣，因為我的家庭在那裡。我不想對這個國家造成傷害，但我不得不知法犯法。我是不得已的。這是必須的。事關親情，事關愛。接受現實，並和家人分開的人活著不會有愛，他們的孩子也會在缺乏愛的環境中長大。所以我一定得跟現實對抗。

我知道法律的存在，我知道法律必須執行，但在此同時，法律傷害了我，法律傷了我的心。我的孩子要我在他們身邊，我的太太要我在她身邊。他們全都為我懇求留下來的機會，但政府把我們分開。若是追究我的感受，我不覺得恨，只覺得難過。你在法庭上看到我那天，我在法庭上見到家人那天，感覺就彷彿政府在摧毀我的家庭，政府在我眼前硬生生拆散我們一家人。我感覺得到政府凌駕於我們之上的力量。

我確實不該從美國出境，我不該離開家人身邊，但如果不去見我母親最後一面，我不知道餘生要怎麼懷著悔恨活下去。還記得我暗自想著：如果我母親命不久矣，只要我能陪在她身邊，那我一定要回去。我別無選擇，沒有別的辦法可想。這就是為什麼我人在這裡，因為我很愛我母親。現在，我坐在這個房間裡，望著窗外那些山巒。你在這裡看到的那些山，美國就在那裡。以前我大可跑上去，翻過那些山。但現在有一道屏障擋住了我。我恨那道障礙，我恨它把我擋在外面。這麼做太粗暴了。

現在，偷渡比之前都危險得多，不容易啊。我在六個月內試了四次還是過不去。每一次都要你付出代價。當然，每一次也都要付出金錢。像我這種處境的人，一次又一次偷渡未遂，一次又一次變得走投無路、奮不顧身。大家設法找到更容易、更便宜的方式偷渡。在走投無路之下，我甚至想過去給販毒集團當毒騾，利用這種方式偷渡。你知道，那樣比較便宜。蛇頭給你一包大麻，讓你揹著背包帶過去。如此一來，他們只收你一般偷渡行情的半價。你和一幫毒騾一起偷渡，從頭到尾都有山頂上的毒探為蛇頭指路，你被抓到的機率就比較低。如果你成功運毒到另一邊，他們還會付你酬勞。你不止拿回先前給他們的錢，有時候，你甚至還有得賺呢。但當然，這是有風險的，萬一你被邊境巡邏隊給逮了，電腦裡面就會留下你是毒品走私犯的資料，這輩子你就休想取得居留權了。毒梟也會盯上你，因為你害他們損失了貨品。你成為雙重的受害者。

我不想運毒過沙漠，我不想給自己惹上更多麻煩，但有時候你別無選擇。掌握毒品走私和人口走私的是同一票人，所以，在某些地方，只要想偷渡，你就得運毒。我甚至聽說你要是拒絕，還會被他們殺掉。我的一個牢友告訴我，沙漠上的集體墳場就埋了很多因此喪命的人。

我有另一個牢友是從米卻肯來的，他跟一群八十五人一起偷渡。每次停下來休息，他就會算算這夥人的人數，每一次的人數都更少。其中有個女人帶著五歲女兒偷渡，小女孩累壞了，她想喝水但沒水喝。我那位從米卻肯來的牢友提議揹她，她媽媽很感激他。揹了一會兒過後，他發覺女孩動也不動、什麼話也不說，於是他把她從肩上放下來，結果發現她已經死了。她的母親當然受不了，整個人歇斯底里起來。蛇頭告訴大家，他們必須繼續前進，他們必須丟下小女孩的遺體。我的牢友跟蛇頭爭辯。他說：「我親自揹著她的屍體走。」又走了兩、三哩路之後，女孩的母親也死了。我的牢友又跟蛇頭爭辯。他說：「我們必須把她們埋好，我們必須讓人知道她們在這裡。」蛇頭說：「不，我們必須繼續前進。你自己決定是要跟上還是留下。」我的牢友哭喊道：「你們這些罪犯，邪惡到極點！」他竭盡所能記住遺體被丟在哪裡，守護著腦海中那個地方的畫面。

後來，這群人來到一條路上，分乘幾輛卡車和貨車。我那位米卻肯牢友坐的貨車在公路上被警察追，在追逐過程中，他說有兩個偷渡客從貨車車尾掉下來。他後來再也沒聽說這兩人的下落。駕駛躲開警察，把偷渡客載到一間「落腳所」，關在那裡勒索贖金。有些人被帶到另一個房間刑求或殺死。幾天後，幾個男人和走私販打了起來，其中一人打破窗戶逃走了。警察發現了他，他把「落腳所」的位置告訴警察。很快地，那個地方就遭到移民探員突襲，走私販被逮捕，偷渡客被遣返。米卻肯的牢友把那對母女的事告訴探員，說他知道要去哪裡找她們的屍體。探員開直升機載他到沙漠上，信不信由你，他還真找到那個地方了。他們發現沙地上的女屍已經腐爛了，屍體有被動物吃過的痕跡。小女孩也在那裡，但她少了一條腿。他告訴我，就連探員看了都流下眼淚。這個米卻肯的人是個愛好和平的人，就像我一樣，他也是個有家室的人。但他告訴我，那些人要是被他碰到，要是他再看到那些人口販子，他就要殺了他們。

所以，你瞧，我每次偷渡都是在賭命。走進墨西哥領事館，你就會看到失蹤人口的照片。我們所有偷渡客都暴露在這種風險之下。我們知道沙漠裡和高山上危機四伏。有黑白兩道、有獅子、有蛇、有懸崖和深谷。沒水喝。有一堆危險，但我不在乎。我必須偷渡過去，我必須去到另一邊。我連做夢都夢見自己人在那邊。我夢見自己和家人在那裡，早上我要出門上班去。然後，夢醒了，我人在這裡。

美國的那些法官，他們要是了解現實情況，就會知道自己是在把人送上死路。他們是在送人去自殺。只要能到另一邊，我什麼都做得出來。坦白說，我寧可關在美國的監獄裡、每星期隔著玻璃見三個兒子一次，也不要待在這裡，和我的骨肉分離。至少我可以離他們近一點。所以，你瞧，什麼都不能阻止我偷渡。我兒子不是街上的棄犬。我願意在沙漠裡走上五天、八天、十天，無論要付出什麼代價，我都要和他們在一起。我願意吃草，我願意啃樹枝，我願意吃仙人掌，我願意喝給牛喝的髒水，我願意什麼都沒得喝，我願意跑給邊境巡邏隊追，我願意傾家蕩產付出一切給黑幫。他們可以拿走我的錢，他們可以勒索我的家人，他們可以把我鎖起來。但我還會再回來，我會一而再、再而三冒險偷渡，直到成功為止，直到我們一家團圓為止。不，我不會待在這裡，我會繼續努力。（*No, no me quedo aquí. Voy a seguir intentando pasar.*）

後記

在德州一個炎熱的夜裡，我在大彎國家公園的邊緣，看見一名男子騎馬橫渡格蘭河。涉過滿是蝗蟲的河岸之後，他鞭策他的馬兒爬上一道小山坡。我就站在那道山坡上，俯瞰天色漸暗的河谷。「午安（*buenas tardes*）。」我向他打招呼。他從馬鞍上瞅著我問道：「你的西班牙語說得很好。你是邊境巡邏隊的嗎？」我說不是。「是巡山員嗎？」我安撫他道：「不是，我只是一名遊客。」

我朝河對岸的村子比過去，問那名男子是否住在波奎勒斯（Boquillas）。他一臉自豪地說：「當然。」我問他做什麼工作，他朝著攤在岩石上尚未整理的紀念品和手工藝品點點頭，怨道：「沒工作可做。我們靠遊客賺錢。」

我問他是否有很多美國人過河去遊覽。他說：「當然，波奎勒斯很安全，毒梟不來煩我們，就連邊境巡邏隊和巡山員都不管我們。」他停頓一下，接著說：「你知道，我們村裡有間很不錯的餐廳。」「有早餐嗎？」他笑道：「當然，我明天一早來接你過去。」

這名男子越過河谷騎回去時，眼前這座由古海變換遷移及地殼無止境產生斷層所形成的卡門山脈（Sierra del Carmen），崎嶇的山巒在夕日餘暉下染上一抹粉紅。

翌晨，東方的天空泛起魚肚白，我和我的嚮導在河岸碰頭。他指導我爬上馬背，接著就若無其事地策馬渡河進入墨西哥。我擠在馬背上，抓著馬鞍後面。漫步而去的一路上，我們沒怎麼交談。行經波奎勒斯的前幾間磚房時，我想著自身的安危有多少程度是繫於這個陌生人身上。我就這樣跟著一個陌生人，來到他村子裡闃寂的陌生街道上。

我獨自在一個有遮棚的露台上吃早餐，從那裡看著轟隆隆的卡車駛過、模樣疲憊的馬匹走過，波奎勒斯整個村子慢慢甦醒過來。早餐過後，我們朝邊界騎回去，我問我的嚮導這一帶城鎮和村莊的治安狀況。他搖搖頭說：「不法分子不來波奎勒斯，他們要是敢惹這裡的人，休想活著離開村裡。」他回過頭來看著我說：「在這裡，人民就是法律，我們互相照應，懂我意思嗎？」

馬兒靠近邊界時，我問嚮導偷渡的事情：「沒有監視器嗎？感應器呢？」他說：「沒有，這裡很平靜（*está tranquilo*）。」隨著我們越靠越近，我掃視河岸上方的山脊，暗自預期山上會傳來車輛的轟隆聲，或是幢幢人影發出的叫喊聲。但放眼所見只有緩緩蛇行的河流，耳裡也只有縹緲的水聲。河水順著河道流過幽深的峽谷和寬闊的盆地，流過灌溉的田地和氾濫平原，流向波光粼粼的遼闊海灣。

那天上午，我後來去遊覽了波奎勒斯峽谷（Boquillas Canyon）。在登山口，我讀到數則安全告示：「備足飲水；小心有蛇出沒；勿向邊境小販購物；切勿渡過格蘭河；務必讓人知道你要去哪、何時歸來。」

進入波奎勒斯峽谷的步道終點就在河岸邊界上，河水在此被一面石灰岩壁垂直擋住。我脫下T恤，身體往下浸入格蘭河和緩的水流裡，被河水冷得整個人一縮。在我上方的山壁傳來發電機般嗡嗡的回聲，兩隻老鷹在陽光和煦的高空中盤旋。我把手伸到河底，摸索著河床上的沉積物。淡褐色的河水潺潺流動，泥水沖刷著我的身軀，像一大群人的手，像一塊連綿不絕的皮膚。

我朝峽谷裡的一個彎處游去，河水變得越來越淺。在一片陽光下，兩條古生代遺留下來的長吻雀鱔，在淤塞的河水中徘徊。我站起來，沿著緊鄰的河岸線走去，反覆從這一岸過去到那一岸，來來回回走了一遍又一遍，直到最後，有那麼一下子，我忘了自己到底站在哪一個國家。周遭大地連成一體，一同顫抖，一同呼吸。

謝辭

感謝你們的教誨：Alison Deming、Luis Urrea、Adela Licona、Ander Monson、Fenton Johnson、Chris Cokinos、Manuel Muñoz、Susan Briante、Farid Matuk、Bob Houston、Gary Paul Nabhan、Terry Wimmer、Marcel Oomen、Linda Pietersen、Floris Vermeulen，以及亞利桑那大學創意寫作班全體教職員。

感謝你們給我的革命情感：Page Buono、Joseph Bradbury、Jan Bindas-Tenny、Taneum Brambrick，以及我在亞利桑那大學藝術創作碩士班二〇一四年至二〇一七年的所有夥伴。

感謝你們竭誠協助本書問世：Rebecca Gradinger、Becky Saletan、Jynne

Dilling、Glory Plata、Katie Freeman、Stuart Williams、Joe Pickering，以及Fletcher & Company作家經紀公司、The Bodley Head出版社和Riverhead Books出版社的全體職員。

感謝你們專業的鼓勵和細心的指教：Michael Collier、Rick Bass、David Shields、Wendy Walters、Antonio Ruiz-Camacho、John Vaillant、Brian Blanchfield、Valeria Luiselli、Beowulf Sheehan、Molly Molloy、Pedro Serrano、以及Katherine Silver。

感謝你們好心指引我走在出版的領域：Matt Weiland、Geoff Shandler、Jim Rutman、Fiona McCrae、Steve Woodward、Stephen Morrison、Ben George、Ed Winstead、Ladette Randolph、Robert Atwan、Jonathan Franzen、Scott Gast、H. Emerson Blake、Jennifer Sahn、Josalyn Knapic、Megan Kimble、Adam Berlin，以及Jeffrey Heiman。

感謝你們給我的經濟支援和機會：Whiting Foundation、Katherine Bakeless

Nason Endowment、Fulbright Program、Banff Centre、Agnese Nelms Haury Program in Environment and Social Justice、University of Arizona Poetry Center、University of Arizona Institute for the Environment、University of Amsterdam Institute for Migration and Ethnic Studies，以及Migration Policy Institute。

感謝你們養成我早年對移民與國界的好奇：Amy Oliver、Marie Piñeiro、Jack Childs、Daniel Hernández、Todd Eisenstadt、Stephen Randall、Gordon Appleby、Robert Pastor、Margie McHugh、Demetrios Papademetriou，以及Deborah Meyers。

感謝你們協助我和年輕歲月中的地景重啟連結：Eric Brunnemann和Guadalupe Mountains National Park的Elizabeth Jackson。

感謝你們作為譯者和詩人所投入的工作熱忱：Jen Hofer和John Pluecker。

感謝你在心理上給我穩定的引導和智慧：Dr. Stephen Joseph。

感謝你們的慷慨和歸屬感：Bill Broyles和Keith Marroquin。

感謝你們的友情：Sarah Steinberg、Scott Buchanan、Daisy Pitkin、Michael Versteeg、Kyle Farley、Addison Matthew、Patrick Callaway、Spenser Jordan Palmer、Kris Karlsson、Dewey Nelson、Daniel Troup、Ryan Olinger、Harry Manny、Erik Schmahl、Dan Schmahl、Holly Hall、Alyson Head、Ryne Warner、Tracy Rose Guajardo、Jacqueline Brackeen、Matthew Thomas、Matthew Chovanec、John Washington、Julian Etienne、Karina Hernández、Stephan Oliver、Yolanda Morales、Citlaly Nava、Carlos Villegas、Víctor Hugo Hernández Rodríguez、Aengus Anderson、Blanca Balderas、Víctor Hugo Medina、Marike Splint、Jesus Lopez和Carmen Lopez一家人、Cocilovo一家人，以及其他所有這些年來讓我安頓身心且難以想像的朋友和創作者。

感謝你們多年來歡迎我參與你們的生活：Kirsten Boele和Boele一家人。

感謝你的照顧，感謝你慷慨大方的精神，感謝你和我分享你美麗的家——那是一個充滿無量創作慰藉的地方：Ron Simmons。

感謝你們給我的親情：Grace、Daven、Renn Tsalie、Beverly Young、Laf Young、Trevor Woolf、Susan Bratton和Carr一家。

感謝我的三位父親：Charles Simmons、Jack Utter和Al Carr。

感謝妳給我的陪伴、啟發和靈思妙想：Karima Walker。

【Eureka文庫版】ME2097

來自美墨邊界的急件：一個前邊境巡邏員的沉痛告白

The Line Becomes a River: Dispatches from the Border

作　　者❖方濟各・坎圖（Francisco Cantú）
譯　　者❖祁怡瑋
封面設計❖陳文德
內頁排版❖張彩梅
總 編 輯❖郭寶秀
責任編輯❖力宏勳
特約編輯❖席　芬
行銷企劃❖許芷瑀

發 行 人❖凃玉雲
出　　版❖馬可孛羅文化
10483台北市中山區民生東路二段141號5樓
電話：(886)2-25007696
發　　行❖英屬蓋曼群島商家庭傳媒股份有限公司城邦分公司
10483台北市中山區民生東路二段141號11樓
客服服務專線：(886)2-25007718；25007719
24小時傳真專線：(886)2-25001990；25001991
服務時間：週一至週五9:00～12:00；13:00～17:00
劃撥帳號：19863813 戶名：書虫股份有限公司
讀者服務信箱：service@readingclub.com.tw
香港發行所❖城邦（香港）出版集團有限公司
香港灣仔駱克道193號東超商業中心1樓
電話：(852)25086231　傳真：(852)25789337
E-mail：hkcite@biznetvigator.com
馬新發行所❖城邦（馬新）出版集團【Cite (M) Sdn. Bhd.(458372U)】
41, Jalan Radin Anum, Bandar Baru Seri Petaling,
57000 Kuala Lumpur, Malaysia
電話：(603)90578822　傳真：(603)90576622
E-mail：services@cite.com.my
輸出印刷❖中原造像股份有限公司
初版一刷❖2020年10月
定　　價❖400元

ISBN：978-986-5509-36-1

城邦讀書花園
www.cite.com.tw

國家圖書館出版品預行編目資料

來自美墨邊界的急件：一個前邊境巡邏員的沉痛告白／方濟各・坎圖（Francisco Cantú）著；祁怡瑋譯. -- 初版. -- 臺北市：馬可孛羅文化出版：家庭傳媒城邦分公司發行，2020.10
面；　公分--（Eureka文庫版；ME2097）
譯自：The line becomes a river: dispatches from the border
ISBN 978-986-5509-36-1（平裝）

1.坎圖（Cantú, Francisco）2.傳記　3.邊界問題　4.美國　5.墨西哥

785.28　　109010449